COLECCIÓN TIERRA FIRME

Modernismo

Rafael Gutiérrez Girardot

Modernismo
Supuestos históricos y culturales

Fondo de Cultura Económica
COLOMBIA

COLECCIÓN TIERRA FIRME
Primera edición, Montesinos, Barcelona, 1983
Segunda edición, corregida y aumentada, FCE, 1987
Tercera edición, FCE, 2004

© Rafael Gutiérrez Girardot
© Fondo de Cultura Económica
   Carretera Picacho-Ajusco, 227; 14200 México, D. F.
   Fondo de Cultura Económica – Filial Colombia, 2004
   Carrera 16 N° 80-18; Bogotá, Colombia

Dibujo de cubierta: Olga Lucía García

ISBN (Segunda edición): 958-9093-02-7
ISBN (Tercera edición): 958-38-0095-3
Impreso en Colombia - *Printed in Colombia*

Todos los derechos reservados. Esta publicación no puede ser
reproducida, ni en todo ni en parte, por ningún medio inventado
o por inventarse, sin el permiso previo, por escrito, de la Editorial.

CONTENIDO

	Prólogo	11
	POR JOSÉ EMILIO PACHECO	
	Advertencia	19
	Introducción	23
I	El arte en la sociedad burguesa moderna	41
II	Secularización, vida urbana, sustitutos de religión	73
III	La inteligencia, la bohemia, las utopías	139
	Cronología	157

PARA MARLIESE

RAFAEL GUTIÉRREZ GIRARDOT
Al centro de su otra orilla

por José Emilio Pacheco

Algo de lo mejor que pudo pasarle a nuestra crítica fue que en 1953, a sus veinticinco años, Rafael Gutiérrez Girardot se trasladara a Alemania. Allí estudió con Heidegger y se doctoró con Hugo Friedrich. Adquirió una formación y una perspectiva únicas y ha escrito una obra que no ha dejado de iluminarnos a lo largo de medio siglo.

Fue de los primeros en darse cuenta de lo que significaba Borges y en dedicarle no nada más una reseña ni un artículo sino todo un breve libro: *Jorge Luis Borges. Ensayo de interpretación* (1959). Poco antes, con *La imagen de América en Alfonso Reyes* (1956) inició esa línea de su trabajo que consiste en subrayar la necesidad de tener presentes a grandes figuras de nuestro pasado –como el propio Reyes, Andrés Bello, Pedro Henríquez Ureña y Francisco Romero– a quienes por inercia hemos convertido en nombres prestigiosos, no en autores vivos. Cuando más falta nos hacen, ya pocos los leen, los citan y los aprovechan.

*

Desde Alemania Gutiérrez Girardot ha podido ver nuestras literaturas con una perspectiva única y un repertorio intelectual insólito entre nosotros. Nunca ha asumido la actitud del europeo adoptivo. Nada más ajeno a él que el fervor del converso. No trata de ser como ellos, uno más de ellos, tentativa condenada al fracaso, ni de marcar bajo el manto de la superioridad sus distancias con el lugar natal. Por el contrario, siempre lo ha analizado todo como un colombiano, un hispanoamericano, al que la distancia trasatlántica le permite una doble o triple visión, inaccesible para casi todos nosotros.

*

En la era de la Internet y la televisión satelital instantánea sin darnos cuenta nos hemos vuelto aun más aldeanos. Vivimos encerrados en nuestra aldea virtual, en nuestra aldea real y en nuestra aldea temporal: un hoy que se fascina consigo mismo y al sólo hundirse en el presente omnipresente pierde su pasado y se queda inerte ante el porvenir.

Para Gutiérrez Girardot la literatura habla de este hoy desde aquel remoto ayer, pero no se conjuga en tiempo pretérito: todo está escrito para el cambiante y fugaz ahora en que leemos cuanto Rubén Darío o César Vallejo dijeron para nosotros sin saberlo y, sin poder adivinarnos.

"Sólo puede sernos ajeno aquello que ignoramos", dijo Reyes. Y al despejar nuestra ignorancia Gutiérrez Girardot se apropia para los hispanoamericanos de Hölderlin y de Celan, lo mismo que de Antonio Machado y de Unamuno. (Asombra pensar hasta qué punto las actuales letras hispanoamericanas siguen adelante sin relación de ningún tipo con los autores del 98, y entre los poetas del 27 al único que de verdad leemos es a Cernuda).

Gutiérrez Girardot no es un profesor: es un maestro en el gran sentido de la palabra. No es un simple periodista literario como tantos de nosotros, sino un auténtico ensayista, digno heredero de Sanín Cano, y no menos digno contemporáneo de Hernando Téllez, Hernando Valencia Goelkel y Fernando Charry Lara.

La seriedad, el rigor y las muchas *Horas de estudio*, que titularon su libro de 1976, privilegios del universitario, del *scholar* como se dice en inglés, se unen en sus páginas con la vivacidad, la agudeza, la prosa veloz y las *Provocaciones* del ensayista. Nada hay en él de lo que se vuelve ilegible por aspirar a ser profundo, ni del culto a la trivialidad televisiva que cada vez acerca más nuestras páginas culturales a las secciones de espectáculos. (La hora cero de esta tendencia es la sustitución creciente de la reseña y el comentario por la entrevista. Género maravilloso del periodismo, la entrevista en su metamorfosis depresiva ha logrado hacer impersonal e indistinguible el culto a la personalidad. A comienzos del siglo veintiuno se niega a la literatura su capacidad de diálogo y se intenta sustituirla por un monólogo solipsista y tristísimo, que no puede ser por su naturaleza misma sino autopropaganda).

*

El hombre que ha escrito *Nietzsche y la filosofía clásica*, *En torno a la literatura alemana contemporánea* y *El fin de la filosofía* es todo lo contrario: no otro monologante, en el bululú cacofónico del *show lit* como realmente existe, sino un escritor dialogante.

La conversación muere cuando decimos sí a todo. Hablar significa estar en desacuerdo. No hay intercambio sin polémica. El sermón y el dogma resultan ajenos al ensayo. A un ensayo no le pido que me confirme en mis creencias ni en mis prejuicios. Espero de él que abra otra puerta, me haga ver lo que nunca había visto, ponga a prueba todo lo que hasta entonces había supuesto.

Lo estimulante es leer a quienes no piensan como nosotros y por lo tanto tienen mucho que enseñarnos. No se trata de dejarse convencer de lo contrario por obra de la hábil argumentación y la velocidad y la contundencia de la prosa. Lo que busco al leer a Gutiérrez Girardot es situarme voluntariamente en tela de juicio. "Creo, ayuda a mi incredulidad", decía San Pablo. Lo único que lamento de las incursiones siempre fascinantes por sus escritos es que no puedo discutir a fondo con él porque no tengo ni tendré ya nunca sus conocimientos. Para no hablar de su inteligencia tan rigurosa como generosa.

*

Así pues, no trato de "presentar" ni prologar a Gutiérrez Girardot. Carezco de cualquier autoridad para ello. Juan Camilo Sierra me honra al pedirme unas líneas y sólo las aprovecho para darle las gracias a Gutiérrez Girardot por todo lo que le debo desde que puso en mis manos sus dos primeros libros no tanto el azar sino una comunicación entre nuestros países que hoy, paradójicamente, ya no existe.

Contra todos los desafíos electrónicos, lo escrito se justifica porque es la única manera de decir cosas que sólo pueden decirse en la página. Nos hemos visto algunas veces en Alemania, en España y en los Estados Unidos (extrañamente nunca en Colombia ni en México). Sin embargo, por cortedad o exceso de personas en torno, jamás tuve ocasión de hablar con él a este respecto. Un correo electrónico tampoco parece el mejor medio para abordar el tema.

*

Modernismo apareció en 1983. Entonces era imposible imaginarse lo que iba a ser el fin de siglo y mucho menos el comienzo del siguiente. Debe de faltar ya muy poco tiempo para que un nuevo

León Daudet escriba en nuestro sepulcro su epitafio: "El estúpido siglo veinte".

Si todavía no lo ha hecho es porque el veintiuno aún no comienza. Entre las grandes esperanzas y las ilusiones perdidas, sólo queda anhelar que los meses transcurridos entre el 11 de septiembre de 2001 y el 11 de marzo de 2004 sean los coletazos, de verdad agónicos, del monstruo que muere y no los gritos del ser impredecible que entre tanto dolor y tanta sangre está naciendo.

*

Con qué impetuosa arrogancia nos llenábamos la boca para desdeñar a los escritores del diecinueve con el derogatorio epíteto "decimonónicos". Ahora que somos *vigesímicos,* podemos razonablemente temer que cuanto nos pareció admirable e inamovible en *nuestro* siglo pronto estará sujeto a una tormenta como la que se desencadenó contra el modernismo. Sólo queda esperar que en 2083 otro Rafael Gutiérrez Girardot publique un libro, si aún existen libros, que haga justicia, amplíe la perspectiva, ponga las cosas en su justo lugar como él lo ha hecho con los fundadores de la modernidad, a diferencia de la contemporaneidad, hispanoamericana.

*

El mirador de Bonn desde el que Gutiérrez Girardot nos observa no se parece al mirador olímpico de Goethe en Weimar, pero también permite considerar la existencia de una literatura que modestamente llamaríamos "planetaria", ya nunca más "universal".

Desde allí Gutiérrez Girardot ha podido ver y hacernos ver que el modernismo no es, como tanto y tan neciamente nos dijeron, la contraparte poco viril del machismo noventayochista, ni el pleito sobre qué fue primero: el huevo de Martí o la gallina de Gutiérrez Nájera, los poemas del argentino o los sonetos del uruguayo; ni tampoco la "evasión" de unos cuantos "descastados" que pronto serían puestos en su lugar por los "telúricos" (siempre "entrañables", adjetivo que nadie sabe por qué se usaba como elogio); ni tampoco que la historiografía literaria puede hacerse como variante del golpe militar en que una "generación" o una "escuela" "reacciona" contra otra, la "derroca" y toma el poder imaginario.

Nada de esto. El modernismo es mucho más, nos enseña Gutiérrez Girardot. Este "fenómeno de originalidad involuntaria" en la frase sutil de Reyes, significa la incorporación de América a la literatura planetaria; es la respuesta, la única posible respuesta, de nuestros países a la primera globalización, al imperio del mercado mundial, al azote de lo que Walter Benjamin designó como "la tempestad del progreso" sobre las tierras que Bolívar quiso llamar Colombia, la Gran Colombia multinacional y pluriétnica, y derivan su nombre no de Colón sino de Américo Vespuccio, un navegante y cartógrafo que se llamaba, para colmo de simbolismos y presagios, como un rey bárbaro: Amerigo.

Su estudio es más que una monografía o un simple ensayo. Nos rescata de la pesadilla de las "influencias" según la cual éste o aquél poema de Darío está "influido" por un poeta francés o belga de tercera categoría, y coloca a ese movimiento –tan mal llamado como nuestro continente– en el marco de las ideas dominantes que, al planetarizarse de arriba para abajo, lo hicieron posible.

El impacto de la secularización, el surgimiento de la sociedad de clase media (si reservamos el término "burgués" para los propietarios de los medios de producción) y de la "gran ciudad" –una urbe sin multitudes miserables ni ejércitos de automóviles–

sobre los campos del horror de entonces y de ahora, la llegada masiva de los objetivos hechos por las industrias de lo que llaman "primer mundo" para diferenciarlo de nosotros, su periferia colonial, en la que pocos años han bastado para llevarnos del "tercer mundo" al inframundo... Sin éstas y muchas otras cosas que él examina no puede entenderse el modernismo. Gutiérrez Girardot no desea que nos encerremos en su exposición, no considera que los grandes poetas y escritores de hace cien años sean lastimosos conejillos de Indias en el laboratorio de sus teorías. Su propósito es que lleguemos o volvamos a ellos. Piensa, como William Butler Yeats, que la mejor escuela es la lectura directa de los "monumentos del intelecto que no envejece".

Si hubiéramos conservado las ciudades de entonces, si el invento de Benz y el producto de Ford no hubiesen traído consigo su sentencia de muerte, tendríamos en su abigarrada variedad arquitectónica el libro de piedra que nos permitiría leer como se debe al modernismo.

No es del todo culpa nuestra el malentendido. Cómo explicar, ahora que todo pasa mediante el módem de la procesadora a la imprenta, que el libro clave de nuestro fin de siglo, *De sobremesa*, no fue leído por sus destinatarios naturales, sus contemporáneos, sino que apareció en pleno auge de la vanguardia, en las condiciones menos propicias para ser entendido; o bien, que la obra de Martí fue leída y olvidada en los periódicos porque en volumen no se reunió hasta bien entrado el siglo veinte.

Tampoco parece claro de qué manera libros tan influyentes como *Prosas profanas, Cantos de vida y esperanza* o el *Lunario sentimental* se publicaron en ediciones de sólo 500 ejemplares y tardaran años en agotarse. Y es que hubo otras formas de difusión de la poesía que ahora ya no existen: las columnas de los diarios, los almanaques, las recitaciones, los tomos de lecturas escolares. Gracias a todo ello, a la vuelta de pocos años poemas "elitistas" y "librescos" fueron asumidos por la cultura popular y entraron en las letras de tangos y boleros.

*

En el nuevo siglo, o antes de que en verdad comience el nuevo siglo, el modernismo sigue siendo un enigma y un punto de partida de lo que continúa por lo menos hasta hoy. A este respecto, como en tantos otros, hay que darle las gracias a Rafael Gutiérrez Girardot. Sus aportaciones son siempre iluminaciones. Cada tema que trata no vuelve a ser el mismo después de sus juicios. Su inteligencia hace que nos interesemos en lo que creíamos conocer, o en lo que por ignorancia suponíamos despreciar. Sus libros son una lección permanente. En cada uno de sus ensayos es el maestro.

Advertencia

EL PRESENTE ensayo no tiene la intención de examinar sumariamente ni de clasificar la obra de los escritores conocidos como "modernistas". Se propone más bien ampliar la perspectiva y, sin tener en cuenta la inútil y esquemática dicotomía "Modernismo" y "Generación del 98", situar las letras hispánicas de fin de siglo en el contexto europeo. Para llevar a buen término este empeño, se carece de los estudios más elementales sobre temas y problemas que, como el de la secularización, son comunes a Europa y al mundo hispánico. Tampoco existen trabajos de historia social que permitan una comparación detallada de los desarrollos paralelos en las sociedades europeas e hispanas, y que son indispensables para explicar fenómenos literarios y de la vida literaria como el de la formación del tipo del "intelectual", la bohemia, etc. Por estas carencias, el presente ensayo es sólo un esbozo necesariamente provisional e incompleto que, consiguientemente, se apoya en nombres representativos de la época. Además de que faltan muchos, los que se mencionan son ejemplos de las corrientes y fenómenos que se enuncian. El presente ensayo no pretende tampoco presentar una historia literaria del modernismo europeo e hispano, sino aclarar el concepto de Modernismo, exponer sus elementos y documentar de manera general su presencia en Europa y en el mundo hispano. De ahí que el título del ensayo suprima el artículo: Modernismo mantiene la referencia a la conocida designación de *el* Modernismo, pero abarca también la caracterización del "Modernismo" o de la "Modernidad", con la que hoy se trata de dilucidar la compleja literatura europea de fin de siglo, de la cual forman parte las letras hispanas de esos dos o tres decenios, en los que no solamente lograron acercarse, diversamente, a los cánones valorativos de la exigente literatura europea, sino demostrar que sólo la liberación de diversos dogmas tradicionales permite expresar universalmente el propio mundo, la propia lengua. El presupuesto de los llamados "subdesarrollos" es principalmente el dogmatismo, esto es, el subdesarrollo mental a que la peculiar alianza del "trono" y el "altar", por decirlo eufemísticamente, condenó durante siglos a los países de lengua española.

El presente ensayo constituye un resumen considerable de un curso que, bajo el título de "El problema del modernismo", dicté en la Universidad de Bonn en el semestre de invierno de 1981/82. Este curso fue, a su vez, reelaboración de un trabajo más amplio sobre las letras ibéricas de fin de siglo que fue preparado con el apoyo de la Fundación alemana para la investigación (Deutsche Forschungsgemeinschaft) en el semestre de invierno de 1978/79. Sus primeros esbozos fueron trazados en el artículo sobre "Literatura hispanoamericana, 1880-1910", publicado en el volumen 19/2 del *Neues Handbuch der Literaturwissenschaft*, dirigido por Hans Hinterhäuser y aparecido en 1976 (Athenaion Verlag, Wiesbaden); y en el artículo "Sobre el modernismo", aparecido en el número 4, año II, 1977, de la revista *Escritura* de Caracas.

INTRODUCCIÓN

*LOS PROBLEMAS
DEL MODERNISMO*

ES PRESUMIBLE que un atávico apego a la rutina, que Quevedo llamó "modorro", y no fidelidad a la tradición, ha impedido a la historiografía literaria de lengua española tomar en serio, o tener en cuenta al menos, el desarrollo de la historiografía literaria europea desde hace un siglo y medio y especialmente desde hace dos decenios. Pues pese a que después de la primera renovación de los estudios literarios con la "estilística" de Dámaso Alonso han surgido la comparatística de Claudio Guillén, y las modas estructuralistas, semióticas y del marxismo de Lukács o del marxismo vulgar de Rodríguez Puértolas, Blanco Aguinaga, Iris Zavala o F. Perus, por sólo citar algunos ejemplos, ninguna de estas corrientes o modas ha logrado sacar el estudio del Modernismo del callejón sin salida a que lo ha llevado una literatura numerosa pero de perspectivas reducidas y a veces mezquinas. Sin tener en cuenta la carta de Valera sobre *Azul* de Darío y la opinión certera sobre el Modernismo que expuso Federico de Onís en el prólogo a su *Antología de la poesía española e hispanoamericana* (1932) o las observaciones de Pedro Henríquez Ureña sobre la "literatura pura" en *Las corrientes literarias en la América Hispánica* (1945), sea para profundizarlas o para refutarlas, se prefirió seguir el camino más sencillo: el de dividir la literatura de lengua española de fin de siglo en "dos espíritus" y el de declararlos en conflicto. A esto contribuyó el trabajo de Hans Jeschke sobre *La generación de 1898 en España* (1934) que, aunque escrito con intención histórica, se convirtió en manos de Pedro Salinas (en su artículo sobre modernismo y 98, de 1936) en la canonización ontológica y mitológica de lo que en el artículo de Azorín ("La generación de 1898", de 1913), que la había bautizado, sólo era la caracterización muy ligera de un grupo, en el cual incluía a Rubén Darío. A la zaga de la "teoría de las generaciones" de Ortega y Gasset, la del 98 se convirtió en el punto de partida sacral de una reordenación generacional de la literatura española. Pasando por alto el plazo mecánico de quince años que Ortega y Gasset había creído encontrar en el cambio de las generaciones, se acuñaron generaciones que ya no lo eran ni por las características que se habían descrito para calificar la Generación del 98 como tal (una formación común, un "Führer" común, una experiencia histórica común: eran, por lo demás, residuos de la historiografía literaria positivista alemana que se guiaba por lo heredado, lo aprendido y lo vivido), ni por el lapso de quince años: la generación de 1868 y la generación de 1927, a la que siguieron otras generaciones igualmente irregulares dentro del esquema establecido para la del 98, esto es, la del 36 y la del 50. Con *La Generación del Noventa y Ocho* (1945), de Pedro Laín Entralgo, ésta llegó a ser un monumento nacional de la nueva era imperial y católica, masculina y "entrañable" en la que Guillermo Díaz Plaja llevó a la culminación el "conflicto entre dos espíritus" de Salinas: en su *Modernismo frente a Noventa y Ocho* (1951), y fundado en fuentes teóricas especulativas y fascistoides (Maurras, Spengler, Weininger, Chamberlain), interpreta el nutrido material de las corrientes que pone frente a frente según una tipología de las "actitudes del espíritu humano" y que más cabe llamar una visión monjil –la separación de los sexos en los templos, plazas, clases, calles, etc.– de lo que Díaz Plaja entiende por "historia de la cultura". Según su diferenciada y universalmente reconocida concepción de la historia de la cultura, "*Noventa y Ocho y Modernismo son las fórmulas que adopta en la España finisecular el esencial y fundamental dualismo que rige toda la historia de la cultura humana.* Por una suerte de afinidades electivas, o por una oscura selección temperamental, es lo cierto que nosotros observamos una serie de elementos aproximados al signo viril en el Noventa y Ocho y al signo femíneo en el Modernismo" (p. 211. El subrayado es de Díaz Plaja. La nota a pie de página en la que asegura que "manejamos conceptos más altos y más complejos que los que permiten una clasificación biológica" se refiere, sin duda, no a la complejidad, que no aparece ni fundada ni probada, sino al peligro de ser mal entendido y, por eso, de que no se le reproche que sobrepasa "ninguna de las lindes que el buen sentido y la corrección imponen"). La curiosa sexualización del "conflicto entre dos espíritus" (Salinas sólo había llegado a su "biblización" al llamar a Valle-Inclán el "hijo pródigo" del 98) no dejó de tener consecuencias. En el prólogo a su antología *Veinte años de poesía española*, José María Castellet transpone el dualismo biológico descubierto por Díaz Plaja en la historia de la cultura humana al pentagrama de un marxismo-leninismo nebuloso. Con ellos despeja el peligro de "sobrepasar ninguna de las lindes que el buen sentido y la corrección imponen", pues lo que para Díaz Plaja era "signo viril" es en Castellet nada más que una actitud realista", y el "signo femíneo" simplemente una "tradición simbólica". Pero la "desexualización" del complejísimo esquema de Díaz Plaja bajo el postulado dogmático de un "realismo socialista", no modificó ni la pacatería moral del franquista y del difuso marx-leno-estalinista ni el esquema dicotómico.

Por su parte, la historia literaria latinoamericana acató tácitamente la diferencia y se dedicó en buena parte a justificarla. Además de un análisis casi exclusivo de los elementos formales del llamado Modernismo latinoamericano, de la delimitación de generaciones y subgeneraciones modernistas y de la fijación de prioridades en la iniciación del movimiento, el estudio de la temática quedó en un segundo plano. Sólo Ricardo Gullón consagró algunos estudios a temas como el pitagorismo o el indigenismo, pero éstos y los de Rafael Ferreres y Ernesto Mejía Sánchez sobre la mujer y la melancolía y sobre el motivo de Hércules y Onfalia, respectivamente, no fueron luego profundizados, pese a que el estudio citado de Mejía Sánchez indicaba con suficiente material los caminos que hubieran debido seguirse. Y el esfuerzo de Gullón de ampliar y fundamentar las tesis de Federico de Onís y de Juan Ramón Jiménez y de considerar como modernistas a los que se clasificaban como noventayochistas no logró imponerse, bien porque se continuaba con la división, aumentándola con un nuevo modernismo español[1], o bien porque, aunque se había puesto en tela de juicio la famosa Generación (Abellán, Mainer), ésta seguía viviendo como "grupo" puramente español, separado del Modernismo latinoamericano. La tesis del "conflicto entre dos espíritus" no fue puesta en tela de juicio y, aunque se vio la fragilidad de la "invención del 98" (R. Gullón), la dicotomía ha sobrevivido.

El que las tesis de Gullón no se hayan impuesto (un resumen de ellas se encuentra en el prólogo a su antología *El modernismo visto por los modernistas*, Madrid, 1980) no se debe sólo a que él no las fundamentó suficientemente, sino sobre todo a que Gullón se mueve en el ámbito estrecho de la dicotomía. Éste no es sólo el de la contraposición, sino sobre todo el horizonte reducido de los dos espíritus, esto es, España y Latinoamérica. Además, Gullón opera con las categorías de la historia literaria tradicional, en especial, de su concepción sucesiva y lineal de los movimientos literarios. A eso se debe su intento de "definición" del Modernismo, esto es, de reducir a una univocidad lo que no fue unívoco; de colocar el pluralismo de los estilos (como se ha llamado esa época), la "simultaneidad de lo no-simultáneo"[2], bajo un común denominador; de resolver las contradicciones en vez de describirlas y encontrar su coherencia específica. De ahí el que

---

[1] Ignacio Prat, *Poesía modernista española*, Barcelona, 1978.

[2] Ernst Bloch llama así a los años 20 del siglo XX en Alemania, en *Erbschaft dieser Zeit*, 1935, II Parte, acápite C.

sus caracterizaciones del Modernismo –como las de todos los que han intentado "definirlo"– resultan demasiado generales y problemáticas. Cuando asegura, por ejemplo, siguiendo a De Onís y a J. R. Jiménez, que el Modernismo es una "época" y una "actitud" y no una "escuela", no hace otra cosa que barajar de otra manera los elementos que quién sabe en qué época moderna ha encontrado para caracterizar una "escuela". Pues una "actitud" que responde y es expresión de una "época" es el presupuesto de toda "escuela". ¿Y no cabe decir del Modernismo, en la opinión de Gullón, que en este sentido fue como el Barroco, o sobre todo como el Renacimiento? Cuando Gullón caracteriza la "actitud" del Modernismo (y del 98) como la de "disidentes, disconformes, heterodoxos de todas las ortodoxias y aun de la heterodoxia misma" (pp. 8-9 del prólogo citado), ¿no cabe preguntar entonces si esa caracterización supuestamente específica del Modernismo hispano (incluido el 98) no es también la de movimientos modernos como el Sturm und Drang, la Joven Alemania, el expresionismo alemán, el romanticismo inglés de un Coleridge, la actitud de Baudelaire, las de D'Annunzio y Marinetti, y la del voluble padre romántico de la literatura moderna, Friedrich Schlegel? Y, en fin, cuando Gullón asegura que "el modernismo es un estilo y un lenguaje" (p. 21), ¿no cabe decir lo mismo del mismísimo romanticismo español, del pobre y rezagado esbozo de romanticismo de un Espronceda pero también y precisamente de ese tipo de novela española llamada de tesis como *El escándalo* (1875) de Pedro Antonio de Alarcón o del furioso sermón novelado *Pequeñeces* (1890) del jesuita Luis Coloma? Alarcón y Coloma fueron "un estilo y un lenguaje", el de los confesionarios. Por otra parte, ¿qué movimiento literario, qué estética, qué poética no fue eso, un "estilo y un lenguaje"? Concebida en los estrechos límites de la literatura de lengua española, la caracterización del Modernismo tiene que llegar a estas generalidades que, a veces, equivalen a descubrimientos de Mediterráneos. Con todo, estos descubrimientos tienen un valor: el de fortalecer, involuntariamente, la tesis de Federico de Onís, esto es, que "el modernismo es la forma hispánica de la crisis universal de las letras y del espíritu que inicia hacia 1885 la disolución del siglo XIX y que se había de manifestar en el arte, la ciencia, la religión, la política y gradualmente en los demás aspectos de la vida entera, con todos los caracteres, por lo tanto, de un hondo cambio histórico cuyo proceso continúa hoy" (*Antología* citada, Introducción, p. XV). Como expresión de la "forma hispánica" de una "crisis universal", ¿comparte el Modernismo las características de expresión de otras formas de esa crisis que tiene sus raíces remotas en el Renacimiento y que no es, como lo pensaba De Onís, la de la disolución del siglo XIX, sino la que acompaña a la expansión del capitalismo y de la forma burguesa de vida?

La colocación del Modernismo dentro de la "lírica moderna" europea, a la que pertenece innegablemente, tal como la sistematizó Hugo Friedrich en su *Estructura de la lírica moderna* (1956) y como trató de deslindarla de la anterior Wilhelm Emrich[3], esto es, como una unidad estructural que tiene sus propias leyes de construcción diferentes de la lírica llamada "clásica", y que están por encima de los diversos "ismos", tropieza no sólo con la reducción nacionalista, con la consideración del Modernismo como algo específicamente hispano, sino sobre todo con un complejo de inferioridad que, justificado o no, sólo concibe las relaciones entre las letras europeas y las de lengua española

---

[3] "Die Struktur der modernen Dichtung", 1952/53, en *Protest und Verheißung*, Francfort-Bonn, 1960, pp. 111 ss.

de una manera secretamente colonial: como "influencias". Este problemático concepto de una añeja literatura comparada y que constituye un empobrecimiento de la noción de "literatura universal" de Goethe y del postulado romántico de consideración histórica totalizadora de Friedrich Schlegel[4] se ha difuminado, en los estudios sobre el Modernismo, hasta tal punto que ya en el artículo de Azorín sobre la Generación del 98, y luego en los "estudios" de Manuel Pedro González sobre el verdadero iniciador del Modernismo[5], no tenía importancia alguna el "contenido" de la "influencia", sino sólo el prestigio de los influyentes. Cuando Ángel del Río, en su *Historia de la literatura española* (t. II, Nueva York, 1963, p. 236), siguiendo el artículo curiosamente memorable de Azorín sobre la famosa Generación, hace la "nómina de influencias" que dominaron en cada uno de los protohispanos hombres del 98, esta nómina –designada con nombre burocrático– se parece a los pechos de cualquier diplomático o general: cargados de medallas que suenan como los cencerros para hacer notar que son alguien gracias a otros. La comprobación de "influencias" no basta para situar las letras de lengua española en su contexto cultural e histórico, pues aparte de que esa fijación es

---

[4] En su trabajo fundamental para la historiografía literaria *Sobre el estudio de la poesía griega*, de 1797, escribió al hablar del "origen, contexto y motivo de tantas cosas raras de la poesía moderna": "Si se arrancan de su contexto las partes nacionales de la poesía moderna, y se las considera como singulares que existen por sí como totalidad, entonces resultan inexplicables. Tan sólo por su reciprocidad adquieren ellas consistencia y significación". Cita según la ed. de P. Hankamer, Godesberg, 1947, p. 58.

[5] Este tema parece ser una obsesión filológica del magistral historiador y conservador apologeta de Martí: ver, por ejemplo, "Aclaraciones en torno a la génesis del Modernismo", en *Notas críticas*, La Habana, 1969, pp. 36-56, especialmente p. 44, sobre la prioridad de Martí en el conocimiento del "simbolismo verlainiano... del impresionismo y la estética parnasiana" frente a Darío.

frecuentemente aventurada, constituye lo más difícil de definir, según F. R. Leavis, quien asegura que "lo que un gran artista original aprende de otro, cuyo espíritu y problemas son necesariamente muy diferentes, constituye el tipo de influencia que es más difícil de definir, precisamente porque sabemos que le corresponde la mayor significación"[6]. Así como los conceptos de Modernismo frente a 98, de Generación o de subgeneraciones o las reducciones formalistas y nacionalistas se han convertido en pilares al parecer inconmovibles del análisis de las letras de lengua española de fin de siglo, así también ha ocurrido lo mismo con el concepto de "influencias": son como diques que funcionan automáticamente y que han impedido el que se tome en serio el rasgo "cosmopolita" que se asigna al Modernismo, esto es, no sólo en el sentido de material cosmopolita que utilizaron los Modernistas sino en el más cercano al concepto de "literatura universal" o, si se quiere, al de "universalización" de la literatura, que va pareja a la unificación del mundo.

La colocación del Modernismo (y del 98) dentro de la lírica moderna exige la aceptación de un hecho simple, que no se puede corregir a posteriori ni condenar a una perspectiva actual: el de la europeización. Curiosamente, los teóricos de la dependencia y los revolucionarios "tercermundistas" repiten hoy los argumentos de que se valieron los conservadores y nacionalistas (como Ricardo Rojas) de fines de siglo para impedir cualquier cambio: la invocación a lo autóctono, el rechazo de lo extraño. Las curiosas contradicciones que cometen los conservadores de antaño y los revolucionarios de hoy son justamente una prueba del desarrollo "autóctono" de esa europeización. Sin la tradición román-

---

[6] F. R. Leavis, *The Great Tradition*, Londres, Peregrine Books, 1962, p. 18.

tica, especialmente de Herder en la Argentina, Ricardo Rojas no hubiera podido formular su teoría de la "restauración nacionalista" ni los "valores hispano-indios" como baluarte contra la inmigración europea en su país; sin la misma tradición, el exotismo de Marmontel y el pensamiento de Chateaubriand, adobado con un liberalismo radical, Clorinda Matto de Turner no hubiera podido articular siquiera la reivindicación del indio peruano y su crítica a sus explotadores. En fin, con la concepción histórica del Inca Garcilaso de la Vega o la de Guamán Poma de Ayala, que eran europeas, no se pueden analizar los problemas del mundo moderno, por mucho Marx que se les inyecte en sus interpretaciones. Ante esas especulaciones autoctonistas, nacionalistas, y que no trazan una utopía sino que dibujan un limbo para los europeos cansados de la civilización, sólo cabe apuntar con José Luis Romero: "Todos advirtieron que en ellas [las ciudades latinoamericanas, R. G. G.] se labraba un nuevo estilo de vida latinoamericana, signado, sin duda, por las influencias extranjeras pero oscuramente original, como era original el proceso social y cultural que se desenvolvía en ellas. Metrópolis de imitación a primera vista, cada una de ellas escondía un matiz singular que se manifestaría poco a poco"[7]. La aceptación de este hecho histórico (cuyas raíces analizó magistralmente Sergio Bagú en *Economía de la sociedad colonial*, Buenos Aires, 1949, y *Estructura social de la Colonia*, Buenos Aires, 1952, y que ven de manera históricamente diferenciada la estructura de la "dependencia") permitirá un análisis objetivo de la "dependencia" no sólo desde el punto de vista de la relación metrópolis europeas-países periféricos (Latinoamérica, Italia, España), sino también desde el punto de vista de la relación metrópolis europeas (París, Londres)-regiones europeas

---

[7] *Latinoamérica: las ciudades y las ideas*, Buenos Aires, 1976, p. 250.

periféricas dentro del mismo país o de países vecinos (París y el sur de Francia, Londres y el norte de Inglaterra), que puede resumirse en la relación ciudad y campo.

Como la "dependencia" nació de un proceso de expansión del capitalismo, se "reproducen" en los países dependientes las relaciones de dependencia creadas por esta expansión en los países metropolitanos. Desde esta perspectiva no será entonces sorprendente encontrar, en países europeos, regiones (Baviera en Alemania, por ejemplo, los países del extinto imperio austro-húngaro, y sobra mencionar el sur de Italia, etc.) en las que sobrevivían relaciones sociales feudaloides, como las que existían en España y Latinoamérica, o fenómenos que hasta ahora se siguen creyendo específicos de los países de lengua española, como el del estrato de los "cultos" –que hoy se llamaría de los "semicultos"– y que son la expresión de una "modernización parcial"[8]. Estos cultos o "semicultos" eran los burgueses de provincia y de la capital: la literatura novelesca del siglo pasado está poblada de ellos, y hasta se los encuentra numerosamente representados en las novelas del supuesto "hidalgo" José María de Pereda, que fue precisamente un ejemplar del fenómeno llamado "modernización parcial de los estratos cultos". Éstos, y no las llamadas clases populares, fueron los portadores de la "cultura": los feligreses del culto de Goethe en Alemania, a quienes rindió notorio tributo el mismo Gerhart Hauptmann al adaptar su figura exterior a la iconografía de Goethe cultivada por ese culto; los veneradores de la literatura clásica en España (como ese Quijote al revés que fue don Víctor Quintanar, el inocente cornudo de *La regenta*, de Clarín); o el público "selecto" que, después de haber sentido diversos remor-

---

[8] D. Rüschemeyer, "Modernización y los cultos en la Alemania imperial", en P. Chr. Ludz, comp., *Sociología e historia social*, col. Estudios Alemanes, Buenos Aires, 1976.

dimientos, estalla en unánime sollozo cuando un bello y noble niño –"blanco y rubio", "aristocrático y delicadamente fino"– concluye la recitación espontánea de un poema, si así cabe llamarlo, del padre jesuita Julio Alarcón Menéndez, celebrado con tanto sentimiento por Luis Coloma en su novela *Pequeñeces* (1890/ 91); es público no sólo italiano el que se emocionó con el más amable y pacífico equivalente de *Pequeñeces*, pero de intención igualmente didáctica, *Cuore* (1886) de Edmondo de Amicis; es el público de la Inglaterra victoriana, la dualista, la de Walter Pater y Wilde, Hopkins y Yeats y la de los hoy olvidados Kenneth Grahame, Hugh Walpole, Francis Brett Young, etc. Es decir, que las "especificidades" que hasta ahora se han considerado como el único factor dominante deben ser colocadas en el contexto histórico general de la expansión del capitalismo y de la sociedad burguesa, de la compleja red de "dependencias" entre los centros metropolitanos, sus regiones provinciales y los países llamados periféricos. La comparación entre las literaturas de los países metropolitanos y de los países periféricos resultará provechosa sólo si se tienen en cuenta sus contextos sociales. De otro modo, las literaturas de los países periféricos seguirán apareciendo como literaturas "dependientes", miméticas, es decir, incapaces de un proceso de definición y de formación original, incapaces de ser, simplemente, literaturas, expresión propia. Ésta, por lo demás, sólo puede perfilarse en una relación de contraste y asimilación con las literaturas o expresiones extrañas. Y, a su vez, este contraste y asimilación sólo son posibles cuando las situaciones sociales son semejantes.

La colocación del Modernismo en este contexto general permitirá abrir nuevas perspectivas y explorar aspectos de esas letras que hasta ahora no se han tenido en cuenta. Una de ellas es la del aspecto religioso. Con ello no se quiere indicar el estrecho problema de la fe perdida y recuperada, según el caso, en cada uno de los autores modernistas, ni tampoco de lo que se ha llamado "crisis" religiosa. Tampoco se trata de convertir ese aspecto en un intento de renovar y "liberalizar" el catolicismo o de comprobar un "sincretismo" religioso en éste o aquél. Se trata de analizar un fenómeno, del que son síntomas estas crisis, estas pérdidas y recuperaciones de la fe, estos "sincretismos" o el "espiritualismo" de la época, esto es, el fenómeno de la "secularización". El tema lo rozó, aunque sin propósito temático, Juan Valera en la carta sobre *Azul* de Darío, y precisamente al hablar del "galicismo mental" o "galicismo de la mente". Éste no es sólo, como se ha interpretado unilateralmente, la familiaridad de Darío con la literatura francesa de entonces, sino algo más: la asimilación de los dos resultados principales del adelanto de las ciencias tal como éste ha influido en la literatura. Y estos dos resultados son el ateísmo y la blasfemia y el predominio de la fantasía. Los dos resultados están ligados entre sí de manera complementaria y producen así el pesimismo como "remate de toda descripción de seres fantásticos, evocados o sacados de las tinieblas de lo incognoscible, donde vagan las ruinas de las destrozadas creencias y supersticiones vetustas" (es la fantasía). De la fantasía decía Valera en esa misma carta que ella "percibe en ese infinito tenebroso e incognoscible", que abren las ciencias, "nebulosas o semilleros de astros, fragmentos y escombros de religiones muertas con los cuales procura formar algo como ensayo de nuevas creencias y renovadas mitologías"[9]. Las "ruinas de las destrozadas creencias y supersticiones vetustas" y el "ensayo de nuevas creencias y renovadas mitologías" constituyen una parte de lo que se ha llamado "secularización". No se trata de la expropiación de los

---

[9] *Obras completas*, t. III, Madrid, 1947, pp. 292-293.

llamados bienes de manos muertas, de los bienes de la Iglesia, ni tampoco de la "laicización" de la educación, es decir, de la liberación de la educación de la tutela de la Iglesia. Tampoco se trata de lo que los defensores de la fe han reprochado a los laicistas y que cabe resumir con las moderadas palabras de "descristianización" o "paganización" (los defensores de la fe son más agresivos y suelen argumentar con la figura del terrible Satanás, en el más inofensivo de los casos). Max Weber, a quien, junto con Ernst Troeltsch[10], se debe la precisión del concepto de "secularización", la concibió sumariamente en la conocida fórmula de la "desmiraculización del mundo". Esta fórmula equivale a la de "las ruinas de las destrozadas creencias y supersticiones vetustas" de Valera. Y es resultado de la "racionalización de la vida", que en Valera se llama el adelanto de las ciencias y sus consecuencias. Para el atormentado católico Valera, estas consecuencias sólo podían ser ateísmo y blasfemia. Para la moderna sociología de la religión, la "desmiraculización del mundo" es sencillamente "un proceso por el cual partes de la sociedad y trozos de la cultura se liberan del dominio de las instituciones y símbolos religiosos"[11]. Pero esa liberación fue, como la modernización de los estratos tradicionales en las regiones no metropolitanas y en las capitales mismas, parcial. Un Baudelaire, un Huysmans, un Barrès, por no hablar de los autores de lengua española, siguieron moviéndose en el ámbito de las imágenes y nociones de la fe perdida. Pero se sirvieron de esas imágenes y nociones para describir fenómenos

---

[10] El primero en *Economía y sociedad*, 1921-1922; el segundo en "Die Bedeutung des Protestantismus für die Entstehung der modernen Welt", 1911 que se remite al famoso libro de Weber sobre *La ética protestante y el 'espíritu' del capitalismo*, 1905.

[11] P. Berger, *Zur Dialektik von Religion und Gesellschaft*, Francfort, 1973, p. 103.

profanos. Desde el punto de vista de la ortodoxia elemental católica, esta profanación del mundo de las imágenes y del lenguaje religioso puede ser considerada como blasfemia. La *Pepita Jiménez* de Valera tiene, en la primera parte de la novela, los rasgos de la Virgen María tal como se la conocía en sus estatuas (las manos de la joven viuda tienen la pureza estatuaria de esas figuras) y de una monja (su limpieza, sobre la que insiste Valera casi obsesivamente), pero son estas "virtudes" las que la hacen apetecible, tan apetecible que a ellas sucumbe el seminarista. Y todo ocurre en un ambiente tan tradicional, "españolísimo", que no se percibe, al parecer, el mundo católico arquetípico del que se sirvió Valera para narrar un caso ejemplar de la "secularización". Es decir, que lo que se considera blasfemia, sociológicamente no lo es. Es además un proceso histórico (se volverá a él con detalle en el capítulo II) que Sartre caracteriza con concisión en *Les mots* cuando comprueba que "mi familia ya había sido tocada por el movimiento de descristianización que nació en la alta burguesía volteriana y que tomó un siglo para extenderse a todas las capas de la sociedad". De esta "descristianización" (que en el contexto sartriano tiene un sentido descriptivo, no valorativo) el catolicismo quedó convertido en "boceto". Se operó entonces un "desplazamiento considerable: sacado del catolicismo, lo sagrado se posó en las bellas letras y apareció el hombre de pluma, substituto del cristiano..."[12]. Sartre se refiere a los comienzos de este siglo, pero su observación abarca toda una época y sobre todo la literatura francesa del siglo XIX.

El tema de la secularización, la colocación del Modernismo en el contexto histórico-social y cultural europeos, y consiguientemente su comparación con tendencias y fenómenos sociales y es-

---

[12] París, 1964, pp. 80 y 207.

téticos de la época, son problemas nuevos del estudio del Modernismo que exigen, para su dilucidación y profundización, que se abandonen los esquemas que hasta ahora han servido de instrumento de análisis, esto es, las reducciones nacionalistas, formalistas y generacionales, y que se exploren los campos que abren la perspectiva comparativa y amplia. En este libro se intenta menos que una nueva solución, el enunciado de temas que es necesario explorar para entender el Modernismo en su significación histórico-literaria y social. No es pretensión o arrogancia decir que ninguna de las historiografías de lengua española que tienen que esclarecer los temas relativos a estos contextos y problemas, los ha rozado siquiera. La historia social ha ampliado su campo de investigación, pero no su marco teórico y problemático: no ha llegado a precisar, por ejemplo, lo que es la "sociedad burguesa". La historia del derecho ha pasado solemnemente por encima del problema de la recepción del "derecho revolucionario", del derecho burgués, que es necesaria para determinar un aspecto y un factor de la formación de la sociedad burguesa. Y así como la historia del derecho sigue siendo exposición cronológica de las instituciones jurídicas y de las legislaciones, la historia eclesiástica no ha descubierto aún problemas, como el de la secularización, que sobrepasan los estrechos límites de una historia parroquial de la Iglesia. Y la historia literaria, o bien sigue cultivando el automatismo de las generaciones, o el de los árboles genealógicos de tal o cual movimiento o el del marxismo vulgar o el de las peculiaridades lexicográficas, métricas, plásticas, etc., etc. En la época de la uniformización del mundo, estos atavismos son naturalmente anacrónicos. Y además, terriblemente monacales, rutinarios e innecesariamente aburridos. Tan aburridos como la burocracia que ha invadido los predios de la historia de la literatura.

I

*EL ARTE EN LA SOCIEDAD
BURGUESA MODERNA*

EN LA ESCENA sexta de *Luces de Bohemia* (1924) de Valle-Inclán, el poeta ciego Max Estrella, quien ha sido lanzado al calabozo, conversa con su compañero de castigo, un obrero catalán. Éste le dice: "Usted no es proletario". "Yo soy el dolor de un mal sueño", responde Max. El preso replica: "Parece usted hombre de luces. Su hablar es como de otros tiempos". "Yo soy un poeta ciego", aclara Max. Y el preso exclama: "¡No es pequeña desgracia!... En España el trabajo y la inteligencia siempre se han visto despreciados. Aquí todo lo manda el dinero". Hasta llegar a convertirse en un lugar común de la crítica a la sociedad "materialista" del siglo pasado y del presente, la observación que hace el preso sobre el desprecio del trabajo y de la inteligencia en España había tenido en Europa una larga prehistoria, al menos por lo que se refiere a la "inteligencia", al "poeta ciego", esto es, al poeta o al artista, como se lo llamó más genéricamente. Su difícil relación con la sociedad la había presentido Goethe en su *Wilhelm Meister* (1796), la había descrito Hölderlin en toda su agudeza en su elegía *Pan y vino* (de 1800 a 1801), y determinó la autocomprensión del poeta frente a la sociedad durante todo el siglo XIX, tanto en un Keats (*Sylvan historian*) como en un Heine (*Los dioses en el exilio*), tanto en un Verlaine y un Rimbaud, como en un Yeats, un Rubén Darío y un Rilke, entre muchos otros. Se trata de la relación que hace decir a Hölderlin en la citada elegía: "¡Pero, amigo, llegamos demasiado tarde!" y que lo lleva a preguntar resignadamente: "¿...y para qué el poeta en tiempos de miseria?" y provoca este consuelo de recatado orgullo: "Pero ellos son, dices, como los santos sacerdotes del dios del vino/ que van de país a país en noche sagrada"[13]. El interlocutor lejano a quien se dirige Hölderlin en la elegía es Wilhelm Heinse (1749-

---

[13] Hölderlin, *Sämtliche Werke und Briefe*, ed. G. Mieth, Munich, 1978, p. 309.

1803), amigo suyo y autor perteneciente al Sturm und Drang y quien en su novela *Ardinghello y las islas bienaventuradas* (1787) había ejemplificado el tipo del artista genial que rompe con las convenciones sociales como reacción contra sus presiones. Muchos decenios más tarde, este artista antisocial, prototipo de lo que Brecht llamó, refiriéndose a Heinse, "inmoralismo esteticista", celebraría su renacimiento en el Des Esseintes de *A rebours* (1884) de Joris-Karl Huysmans (1848-1907), en el José Fernández de *De sobremesa* (aprox.1896) de José Asunción Silva, y con castellana mesura en el Antonio Azorín de *La voluntad* (1902) de Azorín, por sólo citar algunos ejemplos. Lo que, por encima de sus diferencias específicas de tradición literaria y cultural, tienen de común todos estos escritores –desde Heinse hasta Valle Inclán– es su actitud frente a la sociedad: reaccionan contra ella, contra sus presiones, contra su moral, contra sus valores antipoéticos, y lo hacen de manera obstinada, es decir, subrayando enérgicamente el valor de lo que esta sociedad ha rebajado de diversas maneras: el arte, el artista.

A la pregunta de Hölderlin, que es una pregunta por la función del arte y del artista en la sociedad, esto es "para qué poetas en tiempo menesteroso", dio respuesta su amigo fraternal, su compañero de estudios teológicos en Tubinga y en su entusiasmo por el advenimiento de la Gran Revolución: Hegel. Éste, quien en su *Fenomenología del espíritu* (1806) había explicado teóricamente su necesario, su fatal advenimiento, al mismo tiempo que lamentó sus consecuencias robespierranas, legó a la posteridad dos cursos que daban respuesta a la pregunta de su amigo Hölderlin: sus *Lecciones sobre estética* (pronunciadas en Berlín en 1823 y 1829 y editadas póstumamente por su discípulo H. G. Otto en 1835) y sus lecciones sobre *Líneas fundamentales de la filosofía del derecho* (que dictó entre 1821 y 1825 y que publicó póstumamente su discípulo Eduard Gans en 1833). En las *Lecciones sobre estética* se encuentra la famosa frase acerca del fin del arte, que dice: "Para nosotros, el arte ya no vale como la forma más alta en la que la verdad se proporciona existencia... En la formación [cultura, R. G. G.] progresiva surge en general una época en cada pueblo, en la que el arte va más allá de sí mismo [...] En sus comienzos, el arte deja un resto de algo aún misterioso, de un misterioso presentimiento y de una nostalgia, porque sus configuraciones no han puesto de relieve totalmente su pleno contenido para la visión figurativa. Pero cuando el contenido pleno ha emergido plenamente en las configuraciones artísticas, entonces el espíritu anticipador se retira de esta objetividad a su interioridad y la aleja de sí. Tal época es la nuestra. Se puede esperar ciertamente que el arte ascienda cada vez más y se perfeccione, pero su forma ha dejado de ser el más alto menester del espíritu"[14]. No sólo porque el arte ha llegado a su plenitud, que en Hegel significa también "pleno fin" (Vollendung), el arte ya ha dejado de ser la forma en la que se manifiesta la verdad y que constituye el más alto menester del espíritu (como en Grecia y en la Edad Media). Tanto como esta plenitud final del arte, lo han llevado a su fin el "mundo moderno", la "nueva época", el "entendimiento moderno" que ha llevado las contraposiciones (entre la tradición cristiana y el "ateísmo del mundo moral" que rompió con aquélla en el siglo XVIII, en la Ilustración) "al máximo de la más dura contradicción". Ésta, producida por el "entendimiento moderno", convierte al hombre en un "anfibio" que "tiene que vivir en dos mundos que se contradicen, de modo que en esta contradicción la conciencia también deambula y, lanzada de un lado al otro, es incapaz de satisfacerse en el uno y en el otro lado"[15]. Pues, por una

---

[14] *Ästhetik*, ed. Basenge, Berlín (RDA), 1955, p. 139.
[15] *Ästhetik*, p. 95.

parte, el hombre se ve enredado en la realidad vulgar, en la temporalidad terrenal, acosado por la penuria, el menester y la naturaleza, dominado y arrebatado por los instintos naturales y las pasiones; y por otra, se eleva a las ideas eternas, al reino del pensamiento y de la libertad, y en cuanto voluntad se da leyes y disposiciones generales y disuelve el mundo vivido y floreciente en abstracciones (*op. cit., loc. cit.*). Esta "escisión", como Hegel llamaba lo que entiende por "anfibio" en uno de sus primeros escritos (*Diferencia de los sistemas de filosofía de Fichte y de Schelling*, 1801) y que allí consideraba como "la fuente y la necesidad de la filosofía"[16], se inclina en la "nueva época" a la "realidad vulgar", al enredo del hombre en "las finalidades sensuales y su gozo", y en la "materia". Ese enredo, empero, tiene un precio: la creciente dependencia del individuo "de las influencias externas, de las leyes, de las instituciones del Estado, de las situaciones civiles" [burguesas, R. G. G.]. Esta creciente dependencia del individuo la describe Hegel, en sus *Lecciones sobre estética* así: "Para mantenerse en su individualidad, el hombre individual debe convertirse diversamente en medio de otros, servir a sus limitadas metas, y para satisfacer sus propios estrechos intereses, degrada a los otros igualmente a meros medios"[17]. Esta situación la llamó Hegel, en sus *Lecciones sobre estética*, la "prosa del mundo" o "el estado mundial de la prosa". Y es en ese estado en el que el arte ha dejado de ser la más alta forma en la que se manifiesta la verdad y el más alto menester del espíritu. Lo que Hegel llamó en su *Estética* la "prosa del mundo", es decir, el estado en el que el individuo es al mismo tiempo medio y fin de otros

---

[16] En el primer tomo de la *Jubiläumsausgabe* de H. Glocker, p. 44; allí hablaba de la "armonía destrozada", que es una característica de la modernidad.

[17] *Ästhetik*, p. 177.

individuos, corresponde en las *Lecciones sobre filosofía del derecho* a lo que allí llama la "sociedad burguesa". De la compleja caracterización de la "sociedad burguesa" (§§ 182-256), cabe destacar los dos principios de dicha sociedad, esto es, "la finalidad egoísta en su realización" y la "generalidad" del egoísmo, que constituyen un "sistema de dependencia omnipresente", de modo que "la subsistencia y el bien del individuo y su existencia jurídica, entrelazados en la subsistencia, el bien y el derecho de todos, están fundados en éstos, y sólo en ese contexto son reales y están asegurados" (§§ 182-183). "Burguesa" es esta sociedad, que en otro lugar Hegel llama el "sistema de la atomística", porque en ella "los individuos son, en cuanto ciudadanos de este Estado, *personas privadas* que tienen como su finalidad su propio interés" (§§ 187). En esta sociedad de ciudadanos (no de siervos), de personas privadas (no de súbditos ordenados en jerarquías), en la que dominan el egoísmo como principio general, las dependencias recíprocas, el interés propio y el principio de utilidad, en este "estado mundial de la prosa", el arte ya no puede expresar el máximo menester del espíritu, esto es, el hombre con su mundo social, político y religioso concebido como una totalidad sustancial. Ese mundo del hombre íntegro pertenece al pasado, fue el de la imagen ideal de Grecia que se había formado desde Winckelmann y a cuyo engrandecimiento contribuyeron, además de Goethe y Herder, su amigo Hölderlin y el mismo Hegel, quien al mirarla con la nostalgia de lo que desapareció dijo, en medio de sus complicados análisis de la "prosa del mundo" presente: "No puede haber ni habrá algo más bello". Pero aunque Hegel midió la nueva sociedad burguesa con la imagen ideal de Grecia, sus análisis no tuvieron nada de nostalgia. La comparación, casi siempre tácita, le permitió perfilar con nitidez el cambio que había ocurrido con la Gran Revolución y articular no sólo una teoría filosófica de ese acontecimiento (especialmente en la *Fenomenología del espíritu*, de 1807, cuyo manuscrito terminó, según la significativa leyenda, "en medio de los truenos de la batalla de Iena", es decir, de un triunfo más de Napoleón) sino la primera descripción esencial de la sociedad que surgió de esa Revolución: la sociedad civil, la de los ciudadanos, la de la liquidación del ordenamiento feudal.

Como se sabe, esta sociedad no se difundió en Europa por obra y gracia del espíritu del tiempo, sino concretamente por los caminos de la legislación, que acompañó y a la vez posibilitó el desarrollo de la dinámica expansiva del capital, esto es, de la abolición de instituciones jurídicas feudales como el mayorazgo, entre otras, que impedían el acceso a bienes raíces y, con ello, la movilidad de la propiedad. A la zaga de las ocupaciones napoleónicas vino el *Code Napoléon*, el código civil, que había liquidado el ordenamiento feudal y constituía a la vez la legalización de la sociedad burguesa. La imposición de este código, que representaba además la cima de la racionalización del derecho y consecuentemente el polo opuesto de la visión teocrática del mundo feudal, despertó resistencia en los afectados y fue considerada como la imposición de un modelo extraño a la realidad histórico-social y contrario al viejo derecho[18]. Pese a las fuertes resistencias de los antiburgueses tradicionalistas,

---

[18] Esta problemática ha sido estudiada ejemplarmente por Elisabeth Fehrenbach, *Traditionale Gesellschaft und revolutionäres Recht*, Gotinga, 1974. Hay trad. esp. bajo el título *Sociedad tradicional y derecho moderno*, col. Estudios Alemanes, Buenos Aires, 1977. Aunque el análisis de Fehrenbach se refiere a la imposición del *Code Napoléon* en la Federación de los Estados renanos, tiene validez analógica para los países de lengua española. Roza este tema, desde el punto de vista doctrinario, el libro de Juan José Gil Cremades, *El reformismo español. Krausismo, escuela histórica, neotomismo*, Barcelona, 1969, que, pese a su detallado conocimiento de las fuentes, ilumina muy parcialmente la realidad concreta de la época.

se impusieron los principios racionales y capitalistas articulados en el *Code Napoléon* en el Código de Comercio español, de 1829[19], en su adaptación para la República de Chile por Andrés Bello en 1854, que fue aceptada luego por las demás repúblicas latinoamericanas. A esta recepción del código napoleónico la preparó y acompañó la difusión del utilitarismo de Bentham y de la ideología de Destutt de Tracy tanto en España como en Latinoamérica[20]. Lo que, para el caso, importa comprobar es que tanto la introducción del derecho civil napoleónico como la de las ideologías utilitaristas de Destutt de Tracy y de Bentham no solamente impusieron los principios de la sociedad burguesa, sino que conformaron la vida y mentalidad de las sociedades de lengua española. Los tradicionalistas y conservadores de entonces y de ahora afirman que este modelo jurídico e ideológico es, por provenir de Europa, extraño a la realidad histórico-social de los países de lengua española. Sus argumentos fueron acumulados masivamente por Menéndez Pelayo en su *Historia de los heterodoxos españoles* que, al parecer, superviven pertinazmente no sólo en la estructura argumentativa de los indigenismos latinoamericanos, sino también de todos los nacionalismos hispanos y hasta en los historiadores sociales que creen comprobar la inexistencia de una burguesía en los países de lengua española. Ante estos ligeros prejuicios –de tan grande alcance: afectan directamente la interpretación de las letras hispánicas de fin de si-

[19] Comp. F. Tomás Valiente, *Manual de historia del derecho español*, Madrid, 1981, pp. 50-57 ss.

[20] En su *Historia de los heterodoxos españoles*, t. VII, de la Ed. Nacional de las Obras Completas de M. P., Madrid, 1963, se lamentaba Menéndez Pelayo de que el pensamiento de Destutt de Tracy fuera "filosofía oficial en nuestras escuelas", p. 128, y después de hacer varias referencias maliciosas y peyorativas a Ramón Salas, el traductor y comentador de los *Principios de legislación civil y penal* de Bentham, aparecidos en 1821 en Madrid, comenta: "La boga de Bentham entre nuestros jurisconsultos duraba aún por los años 34 a 37", p. 132.

glo y del presente– es preciso comprobar que tanto el modelo jurídico del *Code Napoléon* como el ideológico de los filósofos modernos (no sólo Destutt de Tracy y Bentham; Tocqueville reprochaba a los enciclopedistas franceses su inexperiencia burocrática, que les posibilitó trazar proyectos de gobierno y sociedad ajenos a la realidad) fue extraño en Europa, en Francia en primer lugar, en Alemania más aún: se trataba de un modelo revolucionario. Y ese modelo fue el de la "sociedad burguesa", nacida de la Gran Revolución, y cuyos principios y estructuras describió Hegel por primera vez en sus *Lecciones de filosofía del derecho*.

"Sociedad burguesa" o "sociedad civil": este nombre designa primeramente un sistema de valores, los de los intereses privados, los de la utilidad, los del hedonismo, los del lujo, los de la riqueza, los de la "democracia", los que resumió Louis Philippe, el rey burgués, en la consigna "enriqueceos". Es un nuevo "horizonte de la vida", anterior y presupuesto de lo que se ha llamado la "clase burguesa". Y ese horizonte vital o sistema de valores, esa "prosa del mundo", esa interdependencia de egoísmos, determina tanto el comportamiento de un comerciante como el del campesino que huye del campo en busca de "mejor suerte", de ascenso social, de enriquecimiento en la ciudad. Es el caso, por ejemplo, de los miles de gallegos e italianos, alemanes e irlandeses y judíos que, como tanto sirio-libanés, emigraron a Latinoamérica y Norteamérica a fines del siglo pasado: en la tierra de las posibilidades infinitas podían llegar a ser hasta condes locales, sin pergamino y sin título. En muchos, ejemplares casos, eran "proletarios" cuya conciencia de clase los impulsaba a una especie de aristocracia de simulador. Pero todos se orientaban según los principios de la nueva sociedad burguesa. Esta presencia de dicha sociedad no significa que todos los miembros de esa sociedad, que todas sus partes y estratos fueran burgueses, esto es, que en el siglo pasado

I El arte en la sociedad burguesa moderna

hubo una amplia "clase burguesa". Las burguesías de los países de lengua española fueron reducidas, si se las compara con las de Francia o Inglaterra. Pero el sistema de valores burgueses que se asentó paulatinamente en las grandes ciudades ejerció una "presión de acomodamiento" en todos los demás estratos de la sociedad, y aunque no modificó automáticamente la estructura, sí transformó las mentalidades, esto es, la selección de las valoraciones, las preferencias por los valores de la nueva sociedad[21]. Esto quiere decir que, aunque las sociedades de lengua española no tuvieron en el siglo pasado una clase burguesa amplia y fuerte, los principios de la sociedad burguesa se impusieron en todas ellas y, junto con la ideología utilitarista y la legislación, operaron una honda transformación, semejante, aunque relativa a su tradición, a la que experimentaron los países europeos. José Ingenieros había observado que "existe una homología constante entre nuestro proceso histórico y el europeo, y que a los sucesos de allá –en lo cultural, en lo político, en lo social– han de seguir acá los sucesos correspondientes, apenas modificados por la mudanza del escenario y la parvedad relativa de los actores". Así interpreta Héctor P. Agosti *Las fuerzas morales* y *La evolución de las ideas argentinas*, en *Ingenieros. Ciudadano de la juventud*[22]. Más amplia y sistemáticamente y con ejemplos históricos, precisó esta observación –sin conocer la obra de Ingenieros– Eric J. Hobsbawn en *The Age of Capital*[23].

---

[21] El concepto de "presión de acomodamiento" y la manera como opera están tomados, de manera abreviada, de Niklas Luhmann, en la exposición de su "teoría de los sistemas": J. Habermans, N. Luhmann, *Theorie der Gesellschaft oder Sozialtechnologie*, Francfort del Meno, 1971, pp. 7-25. Con ciertas reservas –Luhmann parte de la sociedad contemporánea para explicar su "complejidad"– sus tesis son aplicables al "cambio social" de los países de lengua española desde el siglo XIX.

[22] Buenos Aires, ^{2}1950, p. 139.

[23] Londres, 1957, 2ª. parte, cap. 2, "El mundo como unidad".

Esta semejanza u homología es un presupuesto para apreciar adecuadamente la literatura de lengua española de fines del siglo pasado y comienzos del presente. Pues sin esa homología, no es explicable la recepción de la literatura francesa desde Gautier y Leconte de Lisle, Hugo y Baudelaire, hasta Catulle Mendès, etc., que no sólo expresaba las complejas situaciones de la nación prestigiosa y poderosa de la Europa del siglo pasado, sino también de la sociedad en creciente proceso de un aburguesamiento radical. Sin situaciones sociales semejantes, esto es, sin la presencia de la sociedad burguesa en todo el mundo occidental, la recepción de la literatura francesa en el mundo de lengua española y más tarde de otras literaturas europeas como la escandinava o la rusa, sólo hubiera sido una curiosidad o una casualidad extravagante y en todo caso no hubiera suscitado la articulación de expresiones literarias autónomas como los modernismos. Estas situaciones no fueron exclusivamente formal-estéticas, sino igualmente un estímulo para percibir, formular y dilucidar los problemas y las situaciones que había planteado y provocado en el mundo de lengua española la nueva sociedad burguesa.

Uno de los primeros y más inmediatos problemas que se plantearon fue el de la situación del arte y del artista en tal sociedad, esto es, el del "fin del arte". Sucintamente roza este problema Pedro Henríquez Ureña cuando, al referirse al período de organización bajo la égida del liberalismo económico en Latinoamérica, observa que la prosperidad nacida de la paz y de la aplicación de esos principios liberales tuvo un efecto perceptible en la vida intelectual: "Comenzó una división del trabajo. Los hombres de profesiones intelectuales trataron ahora de ceñirse a la tarea que habían elegido y abandonaron la política... El timón del Estado pasó a manos de quienes no eran sino políticos... Y como la literatura no era en realidad una profesión, sino una vocación, los hombres de letras se convirtieron en periodistas o en maestros, cuando no en ambas cosas"[24]. Aunque, además de maestros o periodistas, otros hombres de letras fueron abogados o médicos que no ejercieron su profesión o pertenecieron al servicio diplomático, su actividad literaria no era, como en épocas anteriores, la que aseguraba su posición social. En todo caso, el arte "ya no era la más alta expresión de los menesteres del espíritu", y su actividad era efectivamente marginal. Y no sólo porque la literatura no fuera una profesión, sino porque en la sociedad en la que dominaba la "división del trabajo" ésta no tenía cabida, o cuando se la toleraba, figuraba como adorno pasajero o como extravagancia.

A esta sociedad le interesaban los llamados valores materiales, el dinero, la industria, el comercio, el ascenso social. A esta sociedad la pintaron arquetípicamente numerosas novelas del siglo pasado y comienzos del presente. De entre las "novelas contemporáneas" de Galdós, que la dibujan minuciosamente, cabe recordar, por ejemplo, *Fortunata y Jacinta* (1886-1887), en especial el capítulo II de la primera parte, "Vistazo histórico sobre el comercio matritense", que narra el ascenso social de la familia Santa Cruz, cuyo fundador "había empezado por la más humilde jerarquía comercial, y a fuerza de trabajo, constancia y orden, el hortera de 1796 tenía, por los años del 10 al 15, uno de los más reputados establecimientos de la Corte en la pañería nacional y extranjera", y cuyo primogénito se casa con la hija de otro comerciante de vida semejante a Santa Cruz. Pero no solamente de Madrid se conocen testimonios novelescos de los principios burgueses que Galdós enumera irónicamente como "trabajo, constancia y orden". De una lejana ciudad de provincia en México dice

[24] *Las corrientes literarias en la América hispánica*, trad. de J. Díez-Canedo, México, 1949, p. 165.

Rafael Delgado en su novela *Los parientes ricos* (1901-1902, en la que narra acontecimientos ocurridos en el último cuarto del siglo pasado) que esta "Pluviosilla", como la llama, era "la Mánchester de México". Lo que conmovía a esta "Pluviosilla", en la que a diferencia de la "Vetusta" de Clarín ya no se conocen "en estos tiempos democráticos" "fiestas, giros y saraos elegantes y deslumbradores" como los de la época del Imperio de Maximiliano, era la explotación y el desarrollo de "todos los elementos de riqueza con que la favoreció pródigamente el Cielo". Por eso, la llegada de un millonario dispuesto a realizar ciertos proyectos había inquietado a los círculos de los "monopolizadores de la propiedad urbana... de los jiferos enriquecidos y... de los comerciantes dados al fraude": el millonario amenazaba apoderarse indirectamente de los lucros de la "manchesteriana" sociedad burguesa de la lejana "Pluviosilla". Uno de los personajes de la novela, el rico primo Alfonso, tocaba "Chopin y Saint-Saëns, Mendelssohn y Gounod. A veces en los labios del mozo hablaban Coppée y Gautier". Pero eso tenía una función puramente privada: la del adorno que acompañaba la tímida conquista amorosa de la aérea prima[25]. Este Alfonso y su clase, su utilización del arte y la literatura eran en la provincia "Pluviosilla" mexicana algo nuevo. Tuvo un antecedente significativo: el mundo social norteamericano en el que vivió Edgar Allan Poe. Es el del sur de los Estados Unidos, el de los enriquecidos hacendados algodoneros, cuyos hijos constituyeron una peculiar "aristocracia" que R. B. Nye y J. E. Morpurgo caracterizaron así: "Tenían una buena biblioteca privada... y compraban su ropa en Londres o en París... Gentileza en los hombres, pureza en las mujeres... esas fueron sus

---

[25] *Los parientes ricos*,[2] 1961, en la ed. Colección de escritores mexicanos, pp. 91-93, 233 y pássim.

pasiones. Lo mejor que produjo esta clase fue un aristócrata humano, educado, cortés, culto. Lo peor que produjo fue el *cottonsnob*... infectado de lo que Mark Twain llamaba 'la enfermedad sir Walter Scott' de lo caballeresco. Había en su vida algo del rozar de crinolina, de magnolias a la luz de la luna, de bailes y noches felices rodeadas de banjos en la oscuridad..."[26]. De una burguesía semejante –aristocracia en proceso de empobrecimiento o burguesía enriquecida como la de los "parientes ricos"– habrían de surgir no pocos escritores de la modernidad. En fin, de las ciudades hispánicas del siglo pasado, de sus sociedades burguesas cabe decir lo que apuntó Luis Orrego Luco en la *Casa Grande* (1908) sobre la sociedad chilena del último cuarto del siglo pasado: "La sociedad entera se sentía arrastrada por el vértigo del dinero, por la ansiedad de ser ricos pronto, al día siguiente. Las preocupaciones sentimentales, el amor, el deseo, el ensueño, desaparecían barridos por el viento positivo y frío de la voracidad y del sensualismo"[27]. Pero la presencia de los valores burgueses no la documentan solamente obras novelísticas sino una cantidad de obras "memorialistas" de tono nostálgico que, influidas en parte por las *Memorias de un setentón* (1880), de Ramón de Mesonero Romanos, elevaban un monumento al pasado que "se fue y al mismo tiempo registraban, con mayor o menor detalle, los nuevos usos, modas y valores de la concepción burguesa de la vida. Así, por sólo citar un ejemplo, *Las reminiscencias de Santafé y Bogotá* (1893) de José María Cordovez Moure, cuyo interés radica en el hecho de que muestra los cambios en la vida cotidiana de una ciudad como la recoleta Bogotá que, lo mismo que su equivalente argentina, Córdoba, tienen la fama de

---

[26] *The Growth of the U.S.A.*, Pelican Books, Baltimore, 1961, p. 376.

[27] Ed. de Santiago de Chile, [5]1953, p. 19.

ciudades pétreamente estáticas. Esta literatura nostálgica, "memorialista" –como *Recuerdos del pasado* (1886) del chileno Vicente Pérez Rosales; *Recuerdos del tiempo viejo* (1886) del ya citado Orrego Luco; y hasta el más temprano testimonio de esta literatura, los *Recuerdos de provincia* (1850) de Domingo Faustino Sarmiento; o *Una Lima que se va* (1921) de José Galves, entre muchas más– no es tan agresiva como la regionalista de José María de Pereda, pero en los dos casos, esto es, en el caso del recuerdo del pasado "señorial" y de la afirmación desafiante de ese orden, la nostalgia y la reacción o, en el caso de Pereda, la obstinación, no hacen otra cosa que abundar en la comprobación del predominio de los valores burgueses, del establecimiento de la sociedad burguesa, entregada al enriquecimiento y al gozo y goce de lo material.

Frente a ella, el artista reaccionó con un gesto romántico. Rechazó la sociedad burguesa que lo marginaba y al mismo tiempo reflexionó sobre su situación en esa sociedad que, por paradójico que parezca, le deparó no solamente la libertad artística, sino también la posibilidad de nuevas y complejas experiencias. Romántico fue el gesto porque fueron dos autores románticos, Wilhelm Heinse (1746-1805) –fue representante del Sturm und Drang, cuya estética constituyó un elemento del romanticismo– y Friedrich Schlegel (1772-1829), quienes en sus novelas *Ardinghello y las islas bienaventuradas* (1787) y *Lucinde* (1799) trazaron los perfiles del artista como "genio" (Heinse) o como marginado rebelde y afirmativamente consciente de esa marginación (Schlegel), y al mismo tiempo convirtieron al artista en objeto novelable, es decir, crearon la "novela del artista". Y con esta novela, pero también con reflexiones sobre el arte y el artista, sobre su condición y su función, respondieron los artistas al "fin del arte", a la comprobación hegeliana, que es también un desafío, de que "se puede esperar que el arte ascienda siempre más y se perfeccione". La larga respuesta a esa esperanza de Hegel fue, al cabo, la constitución de la "teoría literaria", es decir, de la tácita sustitución de una poética normativa por una poética libre y experimental que al mismo tiempo justifica, si bien con resignación, la respuesta inseguramente positiva a la pregunta de Hölderlin: "¿Para qué el poeta en tiempos de miseria?". El muy citado verso de Hölderlin se encuentra en la elegía *Pan y vino* (1800-1801), dedicada al autor de *Ardinghello*, Heinse, a quien proyectó dedicar el himno *El Rin*, y quien tuvo influencia en la novela de Hölderlin, *Hyperion* (1797-1799), esto es, la novela en la que éste discurre sobre su vocación de poeta profético. El verso no es una pregunta expresa, sino una comprobación que inaugura la estrofa: "¡Pero amigo, llegamos demasiado tarde! Cierto es que viven los dioses,/ pero sobre la cabeza arriba en otro mundo". Y ante esta situación manifiesta Hölderlin su "¿... y para qué el poeta en tiempos de miseria?", y responde: "Pero ellos son, dices, como los santos sacerdotes del dios del vino/ que van de país a país en noche sagrada"[28]. La "novela de artistas" estuvo determinada por el estado que pintó Hölderlin. Los que llegaron demasiado tarde, los que no tenían un "para qué" radicalizaron esta carencia de función en una concepción del arte que, fundada en Kant, proclamaba que el arte no tenía un "para qué" y que el artista, consiguientemente, pertenecía a "aquellos que no viven en el mundo común y corriente, sino en uno que ellos mismos han pensado e imaginado", como decía Schlegel de su *Lucinde*. Y este mundo –precursor, para los que gustan establecer genealogías, de la "torre de marfil", del "castillo de Axel" del "espléndido retiro", etc., etc.– es el del artista, no solamente romántico, sino pre-

[28] *Sämtliche Werke und Briefe*, ed. G. Mieth, Munich, 1978, p. 309.

cisamente el de los que cultivaron "el arte por el arte". En ese mundo contrario de la "prosa del mundo", que al rechazar su "para qué" rechaza la sociedad racionalizada, burguesa, en la que todos son medios de otros y fines para otros, esto es, "para qué", no sólo se desarrolla un "sentimiento romántico de la vida", es decir, una busca de lo infinito, una orgullosa afirmación de la carencia de lazos sociales, una predominancia de la fantasía, un enriquecimiento de todas las excitaciones de lo sensorial; se desarrolla igualmente una concepción de la persona del artista que cristaliza en la persona del amante de Lucinde, Julius, pintor (cuyos cuadros más perfectos recuerdan, según la descripción que de ellos hace Schlegel, motivos del *Jugendstil*), el cual es, además de artista plástico, artista de su propia vida: "En la medida en que se perfeccionaba su arte y le resultaba como de por sí, cosa que antes no había podido lograr ni por esfuerzo ni trabajo; en esa medida su vida se le había convertido en obra de arte sin haber percibido propiamente cómo había ocurrido"[29]. Los problemas y las aspiraciones de este Julius, más complejos que los de su antecesor Ardinghello, determinaron, por encima de las clasificaciones como romanticismo o naturalismo o idealismo o decadencia, las "novelas de artistas" que, como la *Lucinde* de Schlegel, no solamente describieron, con mayor o menor conciencia del problema, la situación del arte y del artista en la sociedad burguesa, sino que pusieron en práctica su protesta contra las normas y las tradiciones. Las novelas de artistas, desde *Ardinghello* y

---

[29] *Lucinde*, nueva ed. Berlín, 1980, en la serie "Die Frau in der Literatur", ed. Ullstein, p. 65. Sobre el tema de "novela de artistas", que con pocas, no precisamente gloriosas excepciones, no ha sido tratado en la historiografía de lengua española, comp. H. Marcuse, *Der deutsche Künstlerroman*, 1922. Fue su tesis doctoral en la Universidad de Friburgo y ha sido recogida en el primer tomo de sus *Schriften*, Francfort, 1978.

Lucinde, pasando por *A rebours* (1884) de Joris-Karl Huysmans (1848-1907) hasta *De sobremesa* (aparecida póstumamente en 1925; fue escrita entre 1887-1896), se caracterizaron formalmente por la heterogeneidad de los elementos que la componen: diálogo, diario, "ensayo", supuesto testimonio, etc.

Pero más que ese parecido formal, las "novelas de artistas" tienen de común el que, en la respuesta a la pregunta por el "para qué" del arte, sus protagonistas se afirman mediante la negación de la sociedad y del tiempo en que vivieron y en la búsqueda de una utopía (Ardinghello), de una plenitud (Lucinde) o de mundos lejanos y pasados. Jean Floressas des Esseintes, el héroe del "manual de la decadencia" *A rebours* y, entre los artistas ficticios, el de mayor influencia en la literatura, por ejemplo, "después de su partida de París se alejaba cada vez más de la realidad y sobre todo del mundo contemporáneo por el que sentía un horror creciente..." y, después de valorar algunas obras de sus contemporáneos (Flaubert, los Goncourt, Zola) que "lo elevaban más alto que los otros, fuera de esta vida trivial en donde estaba tan cansado", comenta: "En efecto, puesto que la época en la que está obligado a vivir un hombre de talento es vulgar y tonta, el artista se siente encantado, sin saberlo, por la nostalgia de otro siglo". Y como es consciente de que sólo muy rara vez puede armonizar con el mundo que lo rodea y que en este medio no encuentra nada que lo "distraiga", "siente brotar y nacer en él fenómenos particulares. Surgen confusos deseos de migración que se desenredan en la reflexión y con el estudio. Los instintos, las sensaciones, las inclinaciones legados por la herencia se despiertan, se determinan, se imponen con una seguridad imperiosa. Evoca recuerdos de seres y de cosas que no ha conocido personalmente, y llega un momento en el que se evade violentamente de la cárcel de su siglo y vaga, con toda libertad, en otra época con la cual, por una última ilusión, le parece encontrarse en mayor armonía"³⁰. El recuerdo de cosas no vistas lleva, según Huysmans-Des Esseintes, a civilizaciones desaparecidas, a edades pasadas, a tiempos muertos. La evasión de la cárcel de su siglo abre las puertas de la fantasía y del sueño. Negación del presente y evasión a otros mundos: éstas son las dos características del artista en la moderna sociedad burguesa. Pero ello no significa, como se suele insistir, que el artista huye de la realidad. Por paradójico que parezca, el artista no hace otra cosa que vivir dentro de esa realidad que detesta, la del hombre burgués, que también huye de la realidad y se refugia, como lo observó Benjamin, en su *intérieur*: "Para el burgués el espacio de vida entra en contraposición por primera vez con el lugar de trabajo. El primero se constituye en el *intérieur*. La oficina es su complemento. El burgués, quien en la oficina tiene en cuenta la realidad, pide del *intérieur* que lo distraiga en sus ilusiones. Esta necesidad es tanto más urgente por cuanto no tiene la intención de ampliar sus reflexiones sobre el negocio hacia reflexiones sociales. Reprime las dos en la configuración de su mundo circundante privado. De allí emergen las fantasmagorías del *intérieur*. Para el burgués, éste constituye el universo. En él reúne la lejanía y el pasado. Su salón es un palco en el teatro del mundo"³¹, Floressas des Esseintes también tenía su *intérieur*: no sólo era el espacio en donde se desarrolla la novela, sino concretamente algunas habitaciones en la casa de Fontenay, como el comedor que describe en el primer capítulo y en el que reúne lo lejano y el pasado de manera plástica (comp. p. 94 y ss. de la ed. citada: en una cena se tocan marchas fúnebres, las invitaciones se asemejaban a invitaciones a un entierro, las criadas que servían eran negras desnudas, había olivas de Turquía y vino de Valdepeñas, y la cena

---

³⁰ Ed. de Marc Fumaroli, col. Folio, París, 1977, pp. 307-308.
³¹ "Paris die Hauptstadt des XIX Jahrhunderts", en *Illuminationem*, sel. S. Unseld, Francfort, 1961, p. 193.

repetía una del siglo XVIII, etc.). Pero el hecho de que el artista viviera en esa realidad burguesa no significa que él aceptara sus valores, esto es, la base del lujo, el dinero, el comercio, etc. El artista no disponía, como el burgués, de una oficina en "la que tenía en cuenta la realidad", y si le era posible permitirse esos lujos era porque su familia podía facilitarlos o porque, como en el caso de Huysmans, dedicaba su sueldo burgués de célibe a su satisfacción o porque, en la mayoría de los casos, podía recordar lo que no había visto ni conocido personalmente. Pero de cualquier manera, el artista fue un "anfibio", como llamó Hegel al burgués, y tenía una "doble vida". Esta duplicidad fue justificada por Baudelaire en uno de sus ensayos más citados, "Le peintre de la vie moderne" (1863), en el que al hablar de la moda y de lo pasajero en la historia, y de comprobar que "el apetito inmortal de lo bello siempre ha encontrado su satisfacción" halla "aquí una bella ocasión... para elaborar una teoría racional e histórica de lo bello, en oposición a la teoría de lo bello único y absoluto; para mostrar que lo bello tiene siempre, inevitablemente, una composición doble aunque la impresión que produce sea una; porque la dificultad de discernir los elementos variables de lo bello en la unidad de la impresión no invalida en modo alguno la necesidad de la variedad en su composición. Lo bello está hecho de un elemento eterno, invariable, cuya cantidad es excesivamente difícil de precisar, y de un elemento circunstancial, relativo, que será, si se quiere, en parte o en conjunto, la moda, la moral, la pasión. Sin este segundo elemento, que es como una envoltura divertida, titilante, aperitiva del divino pastel, el primer elemento sería indigesto, inapreciable, inadaptado y no apropiado a la naturaleza humana"[32]. Esta dualidad, que es de clara estirpe cristiana, transpone al arte la relación del artista moderno con la

---

[32] *Oeuvres complètes*, Pléiade, París, 1961, p. 154.

sociedad burguesa tal como la vio con franqueza Flaubert en una de sus cartas, en la que dice que el artista moderno debe dividir su existencia en dos partes: "vivir como un burgués y pensar como un semidiós"[33]. Pero al mismo tiempo, esta dualidad crea una tensión en el semidiós que lleva una máscara de burgués, pues lo que no puede expresar en el mundo burgués, sus deseos, sus pasiones, sus afectos, sus esperanzas, sus ilusiones, lo expresa libremente en la obra literaria. Y allí crea su otra existencia antiburguesa, aunque los elementos con que lo hace, lo lejano y lo pasado, sean los mismos con los que el burgués ha amueblado su *intérieur*. La dualidad se convierte en ambigüedad cuando el elemento que Baudelaire llama "una envoltura divertida", lo circunstancial, la moda, adquiere una función concreta, esto es, la de llegar a un público que el artista desprecia. La envoltura divertida, aperitiva, titilante, no es una concesión al público, sino una provocación: es el *épater le bourgeois*. Pero esta provocación evidencia precisamente el deseo íntimo del artista de ser tenido en cuenta en la sociedad burguesa y la desilusión de ese deseo. Es una forma artística de un despecho social[34].

Dualismo y ambigüedad del artista en la moderna sociedad burguesa caracterizan no solamente la autocomprensión del artista en la Europa moderna, tal como la ejemplifican Heinse, Fr. Schlegel, Novalis –con su *Heinrich von Ofterdingen* (1902)– y has-

---

[33] Cit. por H. Kuhn y K. E. Gilbert, *A History of Esthetics*, Bloomington, 1954, p. 490.

[34] Sobre la situación del artista moderno en Latinoamérica y su ingreso al mercado, esto es, su relación concreta con el público, véase Ángel Rama, *Rubén Darío y el modernismo*, Caracas, 1970, pp. 49 ss. Sobre *épater le bourgeois* en España, v. Gonzalo Sobejano, "*Épater le bourgeois* en la España literaria del 1900", en *Forma literaria y sensibilidad social*, Madrid, 1967, pp. 178 ss. Esta problemática y estos dos trabajos no han merecido ser registrados en el vol. 6 de la *Historia y crítica de la literatura española*, dirigida por Francisco Rico, que bajo el título extraordinariamente renovador de *Modernismo y 98* dio a luz su compilador José Carlos Mainer, Barcelona, 1980. No por eso la

ta Goethe –con su *Wilhelm Meisters Lehrjahre* (1795-1796)–, Huysmans, Oscar Wilde relativamente con sus famosos *The picture of Dorian Gray* (1890), sino también en el mundo de lengua española. Así, por ejemplo, *Las ilusiones del doctor Faustino* (1875) de Juan Valera, que no es una "novela de artistas" en el sentido de Heinse, Schlegel y Huysmans, pero tampoco una variación del *Fausto* de Goethe, sino una toma de conciencia del artista en la España burguesa de la Restauración. Valera, quien sintió y reflexionó, sobre todo en sus cartas, sobre los problemas del esteticismo, pinta en el doctor Faustino un "enmarañado carácter" que, en "esta perpetua contienda por subir", lucha entre el ideal y el dinero y se encuentra ante una alternativa insoluble que le impide su realización auténtica. Faustino tenía mucha afición a la literatura, "¿pero cómo ganar dinero con la literatura en España?". Por otra parte, piensa Faustino que "el poeta que reviste la belleza ideal de una forma sensible, y el sabio que enseña la verdad severa a los hombres no deben pensar en remuneración alguna"[35]. Entre el ideal y el dinero, Faustino escoge el dinero y, al casarse con María y volverse rico, cobra gran fama de poeta. La irónica solución que da Valera al problema del literato Faustino recuerda un poema de

---

problemática y los trabajos son despreciables: por tarde desde 1964, esta problemática fue tratada por César Graña en su libro *Bohemien versus bourgeois*. Pero en esas fechas la hispanística o los hispanistas de turno celebraban su encierro apologético y rutinario, y por eso no ha de sorprender que Allen W. Phillips, en un artículo de 1968 sobre "El arte y el artista en algunas novelas modernistas" –recogido en *Temas del modernismo hispánico y otros estudios*, aparecido, naturalmente, en Gredos, 1974, pp. 261 ss.– se limite a redibujar sintéticamente la figura del artista en "algunas novelas" latinoamericanas, dejando de lado el problema de esas figuras y su horizonte histórico-social, que para los franceses que habían influido en el Modernismo había dilucidado Graña en el libro citado.

[35] En *Obras completas*, Madrid, 1947, t. I, p. 216; las otras citas, p. 271, p. 222.

J. A. Silva en el que un poeta enfermo visita a un médico y éste le aconseja curar su enfermedad con comida sana y vida ordenada[36].

Éstos no eran los problemas de la primera "novela de artistas" en lengua española, *Amistad funesta* (1885) de José Martí. Pero Juan Jerez, un noble romántico, "era una de aquellas almas infelices que sólo pueden hacer lo grande y amar lo puro. Poeta genuino, que sacaba de los espectáculos que veía en sí mismo, y de los dolores y sorpresas de su espíritu, unos versos extraños, doloridos y profundos, que parecían dagas arrancadas de su propio pecho, padecía de esa necesidad de la belleza que, como un marchamo ardiente, señala a los escogidos del canto". Este elegido, que tenía un "inmoderado agradecimiento" y "una extraña y violenta necesidad del martirio", sentía repugnancia moral por las "buenas fortunas", que no son "por lo común... más que odiosas vilezas"[37], no era solamente un idealista, sino el artista como héroe y sacerdote. Y aunque hijo de ricos y abogado que en esa "engañosa profesión" "se había creado una numerosa clientela", "llevaba en el rostro pálido, la nostalgia de la acción, la luminosa enfermedad de las almas grandes, reducidas por los deberes corrientes o las imposiciones del azar a oficios pequeños" (ed. cit., t. cit., p. 194 s.). El elegido, el poeta como héroe y sacerdote, llevaba también, como todos sus hermanos artistas, una doble vida. Sólo que mientras los descendientes de Des Esseintes se refugiaban en el pasado y lo lejano, Juan Jerez ahondaba y enriquecía una dimensión que, esbozada por Heinse en su *Ardinghello*, prometía una utopía. Su "nostalgia de la acción" era la de "una juventud sazonada e impaciente que veía en las desigualdades de la fortuna, en la miseria de los infelices, en los esfuerzos estériles de una minoría viciada

---

[36] *El mal del siglo*, en *Poesías*, ed. crítica de H. H. Orjuela, Bogotá, 1979, p. 265.

[37] *Obras completas*, Patronato del libro popular, La Habana, 1961, t. III, pp. 200 s.

para crear pueblos sanos y fecundos, de soledades tan ricas como desiertas, de poblaciones cuantiosas de indios míseros, objeto más digno que de las controversias del esfuerzo y calor de un corazón noble y viril" (*loc. cit.*, p. 195). Juan Jerez no luchaba, como el doctor Faustino, entre el ideal y el dinero; ni como el artista de Flaubert, vivía como burgués y pensaba como semidiós. El Juan Jerez de Martí dio a la relación conflictiva y a la vez ambigua entre el artista y la sociedad burguesa un giro "social-nacional" unívoco: el artista héroe, sacerdote, es también un apóstol de la justicia. Sólo la acción de Martí dio a esta concepción del artista antiburgués, extraño al menos o marginado en la sociedad burguesa, el sentido que postuló. Pues igual concepción del artista –héroe, sacerdote, apóstol– fue el fundamento del Círculo de Stefan George en Alemania, que se formó a partir de 1890 (con la publicación esotérica de las *Blätter für die Kunst*) y cuya noción de un "nuevo reino" en el que el "poeta era su conductor" lo llevó a una involuntaria cercanía con el nacionalsocialismo, y en todo caso a convertirse en la *magna charta* del conservatismo alemán. Esta tarea activa no la tienen los artistas de la más típica "novela de artistas" en lengua española, *De sobremesa* (1886-1887) de José Asunción Silva, ni los de los cuentos de Darío en *Azul* (1888), ni los de algunos cuentos de *Bohemia* (1897), de José Martínez Ruiz, ni, en fin, el de *Ídolos rotos* (1901), del venezolano Manuel Díaz Rodríguez, o de *Resurrección* (1902), del colombiano José María Rivas Groot[38]. José Fernández, el protagonista de *De sobremesa*, es, como Des Esseintes, un aristócrata. Detesta al populacho, al vulgo, y aunque "soñaba antes y sueño todavía a veces en adueñarme de la forma, en forjar estrofas que sugieran mil cosas oscuras que siento bullir dentro de mí mismo y que quizá valdrían la pena de decirlas...", tiene tal

---

[38] Allen W. Philips la encuentra superior a las otras "por su profunda dirección espiritualista y acentuado retorno a la moral cristiana frente al positivismo del XIX" en *Temas del modernismo*, ya cit., p. 259.

alta noción del poeta que rechaza ese nombre cuando así lo llaman sus amigos[39]. Es un hombre de "sentidos exacerbados" que se siente atraído y fascinado irresistiblemente por todo: las ciencias, la política, las artes, la especulación, el lujo, los placeres, el misticismo, el amor, y que vive "aislado entre los tesoros de arte y las comodidades fastuosas" de su casa (*loc. cit.*, p. 131). Se aleja de la "vida real" porque quiere vivir, y la vida real es "la vida burguesa sin emociones y sin curiosidades" (p. 132). Su diario de viaje a Europa es un análisis de esos sentidos exacerbados, que lo hacen oscilar entre las tentaciones de la vida real y su desprecio por ella. "¡La realidad! ¡La vida real! ¡Los hombres prácticos!... ¡Horror! Ser práctico es aplicarse a una empresa mezquina y ridícula, a una empresa" (p. 226) que despreciaron los grandes poetas, que impidieron que "nuestros ojos... no sean los ojos átonos de los rumiantes" (*ib.*). Pero este enemigo de lo práctico, que tiene en Londres la experiencia de una "ciudad monstruo", pasa los primeros días de su estancia en esa ciudad dedicado a los negocios y en una ocasión piensa en un "plan de desarrollo" para su país (pp. 170 ss.) que lo llevará al progreso y a él a la presidencia de la república. Juan Jerez y José Fernández[40], pero también el doctor Faustino, ejemplifican diversamente el tema del artista en la sociedad burguesa moderna. Variaron sus modelos (en Valera el *Fausto* goethiano, que nada tiene que ver con la cuestión concreta; en Martí el héroe romántico, pero sobre todo sus propios ideales; en Silva el Des Esseintes de Huysmans) pero no sólo porque así lo exige el oficio, sino porque la situación del arte y el artista en la sociedad burguesa hispana era semejante a la de los países europeos. Es decir, "nacionalizaron" el modelo porque el modelo servía para arti-

---

[39] *Obras completas*, Bogotá, 1965, p. 130.

[40] Sobre la "influencia" de Huysmans en Silva ha llamado la atención H. H. Orjuela en "*De sobremesa*" *y otros estudios sobre J. A.S.*, Bogotá, 1976, pp. 49 ss.

cular la conciencia de la propia situación. Esa "nacionalización" se ve con toda claridad en *Ídolos rotos* de Díaz Rodríguez. Alberto Soria, el escultor protagonista de la novela, después de una estancia en París, regresa a su país lleno de ideales y tropieza con una sociedad de rastacueros y mesócratas. Abandona su país, decepcionado de una sociedad en la que, como en todas las hispánicas, reinan los artificios católicos de la mentira, del rencor, de la calumnia, convertidos en medios para realizar una forma extrema de los valores burgueses: el egoísmo de los "cuantos miles de hombres" que toman parte en "esta perpetua contienda por subir", para decirlo con Valera. Aunque Valera, Martí, Silva, Díaz Rodríguez y Martínez Ruiz habían "nacionalizado" el modelo, el mundo en el que se había formado no era menos rastacuero que el hispánico. Lo comprobó el mismo Rubén Darío en un artículo sobre "La evolución del rastacuerismo", en el que al apuntar que una hija del "célebre Guzmán Blanco, que era culto, hermoso, de puro tipo caucásico" se casó con el "hijo del *arbiter elegantiarum* del segundo Imperio, M. de Morny", exclama: "¡Ah! Muchos rasca, raspa o arrastracueros entroncan hoy en árboles genealógicos de la nobleza europea por virtud de los mismos cueros. Y eso no es nuevo..."[41]. El rastacuero estaba en todas partes, era el recién venido, el nuevo rico, el "rey burgués" tal como lo pinta Darío en el cuento del mismo título de *Azul*. El "rey burgués", quien además de amar la corrección académica y gramatical, de leer las novelas de M. Ohnet (el *honnête homme* de las letras francesas) vive en un palacio que es un lujoso *intérieur*; a este rey "le llevaron una rara especie de hombre ante su trono". "¿Qué es eso?, preguntó. –Señor, es un poeta". "El poeta tenía hambre, y el rey le prometió que comería si hablaba. El poeta le dijo: "yo canto el verbo del porvenir" y se

---

[41] *Obras completas*, edición preparada por M. Sanmiguel, ed. A. Aguado, Madrid, 1950, t. I, pp. 352 s.

lo explicó. Y el rey, aconsejado por un "filósofo al uso" (probablemente menos que "filósofo" una prefigura del "economista" o del "*manager*") lo empleó de organillero. Y así murió, inadvertido, víctima de la fría intemperie, mientras "en el palacio había festín", "el pobre diablo de poeta, como gorrión que mata el hielo, con una sonrisa amarga en los labios, y todavía con la mano en el manubrio"[42]. Sobre este cuento y los de igual tema –como *La canción del oro*– hizo un análisis aproximado al tema del artista en la sociedad burguesa Noël Salomon en "América Latina y el cosmopolitismo en algunos cuentos de *Azul*", aparecido en las *Actas del Simposio Internacional de Estudios Hispánicos*, Budapest, 1978. No sólo la nueva perspectiva del análisis –marxista en el más genuino sentido de la palabra; no marxista vulgar, esto es, soviético–, sino el hecho de que no mereció ser elegido por José Carlos Mainer en la "selecta" bibliografía, y consecuentemente en sus reflexiones, de la importantísima HCL, vol. 6, ya citada, documentan su valor renovador. El artículo se encuentra en *Études américaines*, editados por un discípulo, Bernard Lavallé, y un colega (Maxime Chevalier, Burdeos, 1980, pp. 258 ss.). Darío hablaba de experiencias personales (que recogió en *Abrojos*, 1887), pero eran válidas para los poetas y el arte en la sociedad burguesa. Hugo von Hofmannsthal, quien fue representante de la alta burguesía, describió en una conferencia sobre *El poeta* y este tiempo (1907) la relación de la sociedad con el poeta y lo compara con el peregrino aristocrático de una vieja leyenda a quien se le impuso el deber "de abandonar su casa real, y su mujer y sus hijos y marchar a la Tierra Sagrada; y volvió, pero antes de pisar el umbral se le obligó a entrar en la casa como un mendigo desconocido y habitar donde se lo indicara la servidumbre. La servidumbre le señaló un lugar debajo de la

---

[42] *Cuentos completos*, ed. y notas de E. Mejía Sánchez, México, 1950, pp. 55 ss.

escalera, donde de noche es el sitio de los perros. Allí habita y oye y ve a su mujer y a sus hermanos y a sus hijos que suben y bajan la escalera y que hablan de él como de un desaparecido, hasta como de un muerto, y le guardan luto. Pero a él se le ha impuesto la obligación de no darse a conocer, y así vive él, desconocido debajo de la escalera de su propia casa... Este habitar como desconocido es una alegoría... pero tiene la fuerza de introducirnos en lo que les hablo y que no es menos fantástico y que sin embargo forma parte completamente de lo que solemos llamar realidad, el presente: de cómo yo veo habitar al poeta en la casa de este tiempo, de cómo yo lo siento morar y vivir en este presente, en esta realidad que se nos ha dado para que la habitemos". Pero este habitante desconocido de su propia casa "está ahí y cambia silenciosamente de sitio y no es otra cosa que ojo y oído y toma su color de las cosas en las que descansa. Es el espectador, no, el compañero escondido, el silencioso hermano de todas las cosas, y el cambio de color es un tormento íntimo: pues sufre por todas las cosas, y en cuanto sufre por ellas, las goza. Este gozar-sufriendo es el contenido entero de su vida... Y él sufre por el individuo y por la masa; sufre su individualidad y su comunidad; lo alto y lo sin valor, lo sublime y lo vulgar; sufre sus estados y sus pensamientos... A ningún ser, a ninguna cosa, a ningún fantasma, a ningún engendro fantasma del cerebro humano puede cerrar sus ojos... Él es el que anuda en sí los elementos del tiempo. En él o en ninguna parte está el presente"[43]. El poeta que la sociedad burguesa relega al sitio donde duermen los perros, el que vive como un mendigo y exiliado en su casa, el que da sentido a las contradicciones del presente y en su cifra secreta, el que "está ahí y nadie lo nombra", ¿no es acaso el poeta o el artista que, como los artistas del cuento de Darío, *El velo de la reina Mab*, convierte el lugar debajo de la escalera, o la buhar-

---

[43] En *Ausgewählte Werke*, ed. R. Hirsch, Francfort, 1957, t. 2, pp. 451 s.

dilla, en un reino, y al hacerlo reafirma su función perdida en la sociedad? Tras el fin del arte, el arte no se refugió en el "castillo de Axel" ni en la torre de marfil, sino en un reino ambiguo en el que reinan la fantasía y la libertad, pero también la nostalgia del mundo y de la sociedad que los expulsó. Ese reino ambiguo abrió las puertas de un universo nuevo y complejo que el poeta percibe y configura según la forma de experiencia que Hofmannsthal llamó "gozar-sufriendo". Desde la perspectiva de la moral tradicional, de la hipócrita moral cristiana de la sociedad burguesa del siglo pasado, la libertad, la fantasía y sus productos, la ambigüedad del gozar-sufriendo, el "amoralismo esteticista" es "decadencia". Y en este sentido de la palabra la usó Spengler en su *La decadencia de Occidente* (1918-1922). Pero lo que se llamó "decadencia" fue en realidad una intensificación de la vida que al ser llevada a su extremo ocasionaba no solamente gozo, sino también angustia, plenitud y duda e incertidumbre, sensualidad y remordimiento, impiedad y nueva fe. Pero el poeta de esta época, que al ser relegado de la sociedad era un desamparado, sólo representaba al individuo absoluto y a la vez dependiente de la sociedad burguesa, del liberalismo; al individuo que había pasado de la servidumbre a lo que, con una palabra ya desgastada, se ha llamado "alienación". La crítica de esta "alienación" corresponde al político activo. El historiador social y el sociólogo la describen y analizan. El historiador de la literatura sólo comprobará que sin esta ambigüedad, sin la tensión del individuo que trata de romper su solipsismo –y esto fue el poeta de la llamada torre de marfil–, la literatura no contaría con tantas cumbres de la lírica en las que el poeta articula su exilio como en algunos poemas de Hölderlin, de Rimbaud, de Baudelaire, de Verlaine, de Swinburne, o, para citar ejemplos de las letras de la lengua española, de Rubén Darío ("Yo soy aquel que...", que inaugura *Cantos de vida y esperanza*) o el *Retrato* que Antonio Machado colocó al comienzo de *Campos de Castilla*. Son poemas de la "condición humana" en la época de la Modernidad.

II

SECULARIZACIÓN, VIDA URBANA, SUSTITUTOS DE RELIGIÓN

EL INFLUYENTE y hoy casi olvidado Joris-Karl Huysmans (al personaje de *A rebours* le dedicó Mallarmé una famosa y decisiva "Prose pour Des Esseintes"; al protagonista de su otra novela, *Là-bas*, 1891, le dedicó Valéry un significativo ensayo, "Durtal"; lo frecuentaron reverentemente Valéry, el difusor del simbolismo francés en Inglaterra Arthur Symons, el sexólogo Havelock Ellis y el mismísimo André Gide) pone en labios del personaje de *Là-bas*, Durtal, esta observación sobre el fin del siglo: "Qué época más extraña... Justamente en el momento en que el positivismo respira a todo pulmón, se despierta el misticismo y comienzan las locuras de lo oculto. Pero siempre han sido así; los fines de siglo se parecen. Todos vacilan y están perturbados. Cuando reina el materialismo, se levanta la magia. Para no ir más lejos, mira el fin del siglo pasado. Al lado de los racionalistas y de los ateos, encuentras a Saint-Germain, Cagliostro, Saint-Martin, Gablis, Cazotte, las Sociedades de Rosacruz, los círculos infernales, como ahora"[44]. La obra que, por lo demás, se considera como la "novela del satanismo moderno", despierta la impresión de que es obra de un laico beato, muy enterado de las intimidades de la Iglesia y de los problemas que la acosan. Y quien, como beato, goza con la morbidez que caracterizan las preocupaciones de ortodoxia moral y doctrinaria de la Santa Madre. La obra no es una "novela del satanismo moderno", sino un ejemplo románico de la secularización y de sus consecuencias. Es un ejemplo, ciertamente, menos atrevido que el del críptico "Discurso del Cristo muerto desde el edificio del mundo, sobre que no hay Dios", que Jean Paul interpuso en su novela sobre la vida del abogado *Siebenkaess* (1796 ss). Este breve discurso, que anticipa en pocos años la primera comprobación de que en la sociedad burguesa

---

[44] *Là-bas*, ed. Pierre Gogny, Garnier-Flammarion, París, 1978, p. 238.

moderna "ha muerto Dios"[45], describe el sueño en que el autor contempla cómo Cristo se encuentra por doquier con la realidad de un cementerio en el que los muertos exclaman: "¡Cristo! ¿no hay Dios?" El cielo y la tierra se hunden, se hunde todo el edificio del mundo, y "cuando Cristo vio la triturante aglomeración de los mundos, el baile de antorchas de los celestes fuegos fatuos y los bancos de coral de los corazones palpitantes, y cuando vio cómo una esfera terrestre tras la otra vertía sus almas titilantes en el mar muerto, cómo una bola de agua regaba luces oscilantes sobre las ondas, entonces abrió grandemente los ojos, como el supremo ser finito, hacia la nada y hacia la vacía inconmensurabilidad y dijo: '¡inmóvil, muda Nada! ¡Fría, eterna necesidad! ¡Casualidad loca...! ¿Cuándo destruiréis el edificio y a mí?... ¿Cómo es que cada uno está tan solo en el amplio sepulcro del todo? Yo sólo estoy junto a mí. Ah, si cada Yo es su propio padre y creador, ¿por qué no puede ser también su propio ángel exterminador?'"[46]. El sueño de Jean Paul, el "sentimiento" de "la religión de la nueva época", esto es, "que Dios mismo ha muerto", expuesto por Hegel, el "satanismo" de Huysmans en *Là-bas*, y si se quiere agregar "la muerte de Dios" de Nietzsche, no son "ateísmo" en el sentido clerical de la palabra (ninguno "demuestra" que Dios no existe) sino expresiones de lo que la sociología ha llamado "secularización". Pero lo que para la sociología es un hecho definible y describible sin *pathos*, fue para el artista y el poeta un acontecimiento apocalíptico. No ciertamente en su sentido bíblico de juicio final, sino en sentido intramundano: el juicio final tiene

---

[45] Hegel, en *Glauben und Wissen*, 1802, en *Jubilaeumsausgabe*, Stuttgart, 1958, I t., ed. P. H. Glockner, p. 433, habla del "sentimiento en el que descansa la religión de la nueva época el sentimiento: Dios mismo ha muerto".

[46] *Werke*, Munich, 1959, t. 2, ed. G. Lohmann, pp. 269 ss.

lugar en el mundo y no conduce a un más allá, es un apocalipsis inmanente, sin tribunal y sin juicio. Es el apocalipsis del Yo que es su propio padre y creador y lleva consigo a su propio ángel exterminador. En el mundo de lengua española, que con el Modernismo recuperó acontecimientos culturales europeos anteriores, y que por su tradición no pudo percibirlos con la hondura y el tormento con que el pensamiento alemán lo hizo, este "acontecimiento" de la "muerte de Dios" tuvo el carácter de "crisis religiosa", de pérdida de la fe, de duda religiosa, de temor del ateísmo. Así, por ejemplo, en los novelistas de la Restauración, ante todo en Valera –quien en muchos aspectos se ve enfrentado, aunque sin la iluminadora reflexión, ante el mismo problema que Kierkegaard describió en *O esto o lo otro* (1843), especialmente en la primera parte, sobre "los estadios"–, en el sereno Clarín, muy relativamente en Galdós; más tarde en Unamuno y Rubén Darío, entre otros más. José Martí lo formuló no en su forma manifiesta, sino en su resultado. Así, en el prólogo al poema *Al Niágara* del venezolano Juan Antonio Pérez Bonalde, de 1882, escribió: "Nadie tiene hoy su fe segura. Los mismos que lo creen, se engañan. Los mismos que escriben fe se muerden, acosados de hermosas fieras interiores, los puños con que escriben. No hay pintor que acierte a colorear con la novedad y transparencia de otros tiempos la aureola luminosa de las vírgenes, ni cantor religioso o predicador que ponga unción y voz segura en sus estrofas y anatemas. Todos son soldados del ejército en marcha. A todos besó la misma maga. En todos está hirviendo la sangre nueva. Aunque se despedacen las entrañas, en su rincón más callado están airadas y hambrientas la Intranquilidad, la Inseguridad, la Vaga Esperanza, la Visión Secreta. Un inmenso hombre pálido, de rostro enjuto, ojos llorosos y boca seca, vestido de negro anda con pasos graves, sin reposar ni dormir, por toda la tierra –y se ha sentado en todos los hogares, y ha puesto su mano trémula en todas las cabeceras. ¡Qué golpeo en el cerebro! ¡qué susto en el pecho! ¡qué demandar lo que no viene! ¡qué no saber lo que desea! ¡qué sentir a la par deleite y náusea del espíritu, náusea del día que muere, deleite del alba!... no hay caminos constantes, vislúmbranse apenas los altares nuevos, grandes y abiertos como los bosques. De todas partes solicitan la mente ideas diversas– y las ideas son como pólipos, y como la luz de las estrellas y como las olas de la mar..."[47]. Esta visión sirve a Martí para explicar en el prólogo por qué hoy no se pueden escribir "aquellas luengas y pacientes obras", los *epos* de otros tiempos, pero la explicación se convierte en una descripción de la situación del arte en la que, independientemente de cualquier influencia, parece como si resonaran ecos de Jean Paul, de Hegel, de Hölderlin y de tantos más. Y en este sentido fue Martí un "revolucionario", no un "precursor", si por revolucionario se entiende que "lo esencial [en él] no es la transformación, sino que en la transformación ilumina lo decisivo, lo interpreta, lo piensa, lo considera" (Heidegger, "Sobre la 'voluntad de poder' de Nietzsche", curso del semestre de invierno 1936/37, manuscrito, p. 7). Y lo decisivo fue, para la literatura de lengua española de fin de siglo, la secularización.

Aunque la secularización podría captarse de manera empírica, es decir, mediante la elaboración de estadísticas aproximadas sobre la disminución de las feligresías en distintas regiones, clases, sexos, sobre las vocaciones eclesiásticas, etc.; o mediante el análisis de las imágenes y el léxico religioso que en la literatura expresan nociones o imágenes profanas, el hecho de que la sociología de la religión no ha elaborado esos trabajos para explotar el tema en el último cuarto del siglo pasado, y que la sociología de

---

[47] Reprod. en Ricardo Gullón, comp., *El modernismo visto por los modernistas*, Madrid, 1980, pp. 35 ss.

II Secularización, vida urbana, sustitutos de religión

la literatura o la historia literaria haya pasado por alto el problema, obliga a reducirse a un campo en el que los síntomas y manifestaciones de la secularización sólo pueden dar una información parcial sobre el fenómeno y su alcance social: el de la historia de las ideas. En ella se ve cómo el proceso de secularización se inicia con la Ilustración en el siglo XVIII, continúa a comienzos del siglo XIX con la Ideología de Destutt de Tracy ("filosofía oficial en nuestras escuelas", según Menéndez Pelayo) y el utilitarismo (*utilitarianism*) de Jeremy Bentham[48] y se extiende con el krausismo en España y el positivismo en Latinoamérica durante la segunda mitad del siglo. El pensamiento de Destutt de Tracy, enemigo de la teología y fomentador de la observación y la experiencia, fue no solamente en España sino en la mayoría de los países latinoamericanos, la "filosofía oficial de nuestras escuelas". El de Bentham tuvo mayor influencia. Sus *Principios de legislación y jurisprudencia*, traducidos en 1821 por el español Ramón Salas (Menéndez Pelayo, *op. cit., loc. cit.*, sugiere que fue un personaje más o menos sombrío), fundados en el principio del mayor placer para el mayor número como criterio de la moral y de la legislación, influyó no sólo a "nuestros jurisconsultos", sino también a los políticos[49]. Más complejos fueron el krausismo y el

---

[48] La "boga de Bentham entre nuestros jurisconsultos duraba aún por los años 34 a 37", Menéndez Pelayo, *Historia de los heterodoxos españoles*, Ed. Nal. de las Obras Completas de M. P., Madrid, ²1963, t. 6, pp. 128-131.

[49] Además de la *Historia de los heterodoxos* de Menéndez Pelayo, que es una historia de la secularización, en las partes relativas al mundo moderno, compárese, entre otras, sobre la influencia de estas dos corrientes "prepositivistas" de Latinoamérica: R. Levene, *El mundo de las ideas y la Revolución hispanoamericana de 1810*, Ed. Jurídica de Chile, Santiago, 1956, cap. XII; y sobre un "caso" latinoamericano típicamente español: J. Jaramillo Uribe, *El pensamiento colombiano en el siglo XIX*, Bogotá, 1964, especialmente caps. VI y XXIV.

positivismo. El primero no tanto por las curiosas circunstancias de su "recepción" por Sanz del Río (de segunda mano, parcial, porque ni siquiera tuvo en cuenta un aspecto esencial del "sistema" de Krause, esto es, el de su "filosofía matemática de la naturaleza"), sino porque escogió ante todo una obra, *Das Urbild der Menschheit* (1811), producto de su actitud frente a la masonería, de la que fue expulsado, y la enmarcó en nociones elementales de su primera fe católica. Y el segundo, cuya filosofía de la historia delataba semejanzas con la de Krause –los tres estadios de la evolución de la humanidad, la valoración de la ciencia o del saber ametafísico como único camino hacia la verdad y la perfección– porque el positivismo no fue simple "materialismo", como se lo juzgó, sino una nueva teología intramundana con una jerarquía eclesial y hasta el culto de una Virgen (Clotilde de Vaux). Y aunque en Latinoamérica la mayoría de los positivistas rechazó la fase religiosa de Comte, la moral que predicaron los positivistas de toda especie fue una moral que correspondía a la teología intramundana. La complejidad del krausismo y del positivismo frente a sus antecesores (el utilitarismo, la Ideología) consistió en que, como apunta Owen Chadwick sobre la secularización de la moral en el siglo XIX, ésta "proclamaba que se puede tener moral sin cristianismo, en tanto que la moral que debía observarse era una moral cristiana"[50]. No otra cosa fue el "cristianismo racional" de los krausistas, cuyo apóstol Julián Sanz del Río decía: "Profesamos, pues, el culto del deber, como ley universal del orden moral, que obliga a todos los hombres, en todo tiempo y por todo lugar; que manda el sacrificio y la propia abnegación ante el bien de la patria y el de la humanidad; el amor a todos los hombres, amigos o enemigos, conciudadanos o extranjeros, pobres o ricos,

---

[50] *The Secularization of the European Mind in the Nineteenth Century*, Cambridge, 1975, p. 237, cap. 9, acápite 3.

incultos o cultos, buenos o malos, en suma, la imitación de Dios en la vida, o la realización del bien, de lo verdadero, de lo bello, sólo por obrar bien, no por interés de las consecuencias, ni por la espera del premio, o temor del castigo"[51]. Y en igual sentido, aunque en forma más pragmática, se expresaba el positivista ortodoxo chileno Juan Enrique Lagarrigue en sus "prédicas" en favor de la paz, de la religión de la humanidad que se resumía en el "amaos los unos a los otros". Y un positivista uruguayo, en respuesta a los ataques de quienes reprochaban al positivismo que éste borraba de la conciencia las ideas del bien y de la justicia y que arrancaba del corazón humano el sentimiento del deber, decía: el positivismo admite "que el hombre debe hacer el bien y evitar el mal; que el bien es lo que nos lleva al cumplimiento de nuestro fin". Y agregaba que el positivismo no reconoce en el bien y en la justicia principios simples, absolutos e impuestos de manera abstracta, sino que, mediante el análisis, llega "por fin a comprender que el bien, como el deber y la justicia, no tienen otra razón de ser que la naturaleza humana con sus necesidades y fines"[52]. Las coincidencias de principio entre el positivismo "materialista" y el krausismo "espiritualista" tienen su explicación en las coincidencias entre los padres de las dos corrientes, entre Hegel como representante del idealismo alemán, del que Krause fue epígono, y Comte. Pero por encima de esa comunidad sumaria histórico-filosófica, lo que las une es la complejidad de la secularización que ellas expresaron y fomentaron.

Efectivamente, la secularización del siglo XIX (la del XX lleva a otros extremos) fue no sólo una "mundanización" de la vida,

---

[51] *Textos escogidos*, comp. y estudio preliminar de Eloy Terrón, Barcelona, 1968, p. 90.
[52] Rosalío Rodríguez, cit. por Leopoldo Zea, *Dos etapas del pensamiento en Hispanoamérica*, México, 1949, pp. 323 s.

una "desmiracularización" del mundo sino a la vez una "sacralización" del mundo. Y nada muestra tan patentemente esta sacralización del mundo como los "principios de fe" que rigieron estas dos tendencias y las metas que se propusieron: la fe en la ciencia y en el progreso, la perfección moral del hombre, el servicio a la Nación. Aunque el krausismo y el positivismo pensaban en una "humanidad" como un estadio final de plenitud que de por sí suprimía los límites de las naciones, los krausistas y los positivistas introdujeron estas corrientes con la precisa intención de llevar el progreso a sus respectivos países para que éstos fortalecieran su "conciencia nacional" y le dieran una base material que les permitiera participar con dignidad en el concierto de las naciones europeas. Obedecían así a otra corriente del siglo, la del nuevo despertar del "movimiento nacional" en Europa, y del que son ejemplos la unificación de Italia (1859-1961), la unificación de Alemania bajo el dominio de Prusia (1871), a las que habían precedido rebeliones nacionales en Bélgica y en Polonia (1830), la guerra de liberación de Grecia contra Turquía (1821-1829) y las guerras de la Independencia de las colonias españolas contra la corona y de España contra la Francia napoleónica, que al parecer no merecieron la solidaridad emotiva que los europeos sintieron por las guerras de liberación de Grecia, a cuya causa ofrendó Lord Byron su vida. Los "movimientos nacionales", producto de la Revolución Francesa, esto es, de su principio de la soberanía popular, se plasmaron en el Estado Nacional burgués y elaboraron su ideología justificativa... ésta fue amplia, pues abarcaba las múltiples, contradictorias y vagas teorías sobre la "nacionalidad"[53], y la demagogia antisemita con la que un Maurice

---

[53] Fr. Meinecke, historiador y testigo de este movimiento, las reseña brevemente en su clásico libro *Weltbürgertum und Nationalstaat*, Munich y Berlín, 1915, pp. 2 ss.

II Secularización, vida urbana, sustitutos de religión

Barrès atacó a los "intelectuales" franceses que firmaron el famoso Manifiesto contra los manejos del "*affaire* Dreyfus" (el Manifiesto es de 1888) o el radicalismo pangermánico de un Paul de Lagarde (1827-1891) entre otros muchos. Pero todas las especies de esta curiosa ideología exclusivista y agresiva que surgió con el Estado Nacional tenían de común un *pathos*: el de la "sacralización" de lo que la burguesía llamaba la "patria" y que no era otra cosa que la abusiva identificación de su estado con el "pueblo", con la Nación, con el Estado. Y esta Nación, esta Patria tuvo sus "símbolos", celebró ritos y cultos y creó normas tácitas, pero eficaces: el "amor de la patria", "todo por la patria", el "sacrificio" en el "altar de la patria", etc., etc. Es decir, se secularizó el vocabulario de la misa y de la praxis religiosa, y se sacralizó a la Nación y a la Patria.

En este horizonte de secularización se forma la lírica moderna. Y la secularización del lenguaje es una de sus características más sobresalientes. Son ejemplos de ella el poema latino de Baudelaire, entre muchos más, *Franciscae meae laudes* (LIII de *Les fleurs du mal*), *Apparition* (en "Primeros poemas" de *Poésies*), de Mallarmé, "el Dios" o "los dioses" y el "*ángel*" o los "*ángeles*" de las *Elegías del Duino* y los *Sonetos a Orfeo* de Rilke, *Dolores*. (*Notre-Dame des Sept Douleurs*), de Algernon Charles Swinburne y, por sólo citar dos ejemplos de lengua española, dos poemas de Antonio Machado (*Preludio* y el poema XXXVII de *Soledades*) e *Ite, missa est* (*Prosas profanas*) de Rubén Darío. En el *Preludio* de Machado se habla de un "santo amor", de "un dulce salmo sobre mi viejo atril", de "las notas del órgano severo", de "la mirra y el incienso" que "salmodiarán su olor", y de "mi rezar" y de "la palabra blanca" que se "elevará al altar". Escenas fragmentarias de una misa sirven para expresar el recuerdo de un amor. El poema XXXVII es un diálogo entre la noche y el poeta que tiene claras reminiscencias del *Cántico espiritual* de san Juan de la Cruz (la noche y el poeta se llaman entre sí "amada" y "amado", el poeta pregunta, como la esposa en el *Cántico*, por algo que no se sabe, etc., etc.). Pero mientras en el *Cántico* se llega a la visión de una noche serena, en el poema de Machado la imagen final es la de un sueño en el que el poeta vaga "en un borroso laberinto de espejos". La forma de la poesía mística fue invertida al ser utilizada para expresar algo profano: la incertidumbre del poeta. Cabría citar otros poemas de Machado que no delatan la "influencia modernista" (salmo, atril, mirra, etc.), como suele decirse, pero lo que se llama aquí "influencia modernista"[54] es sólo un aspecto muy formal del fenómeno de la secularización, que es un presupuesto tanto del Machado llamado modernista como del llamado auténtico. El poema *Ite, missa est* de Darío es un ejemplo de un campo de experiencias en el que se manifiesta más claramente la secularización-sacralización: el erótico. La "sonámbula" que adora el poeta es una "vestal" y una "faunesa antigua" que le "rugirá de amor". Su "espíritu es la hostia de mi amorosa misa" y el poeta, al celebrar esa misa, alza "al son de una lira crepuscular". En "ella hay la sagrada frecuencia del altar". El poeta como sacerdote de una misa erótica, la mujer ardiente como hostia y el acto de amor como la consagración: en estas imágenes se ha profanizado la misa y se ha sacralizado el eros, es decir, se ha secularizado una ceremonia religiosa.

Con todo, estos ejemplos sólo muestran la forma más visible de la secularización. Pues ésta no sólo consistió en el uso de nociones y conceptos religiosos para expresar cosas mundanas y

---

[54] "Muy poco característica de Machado", dice Antonio Sánchez Barbudo del poema *Preludio*, quien considera "admirable" el modo en que Machado "siente y expresa el misterio del mundo interior" en el poema XXXVII, en: *Los poemas de Antonio Machado*, Barcelona, 1967, pp. 149 y 89, respectivamente.

profanas, no sólo, pues, en la "mundanización" de la vida, sino en algo más profundo que anunciaron Hegel y Jean Paul y desde Nietzsche se conoce como "la muerte de Dios". No se trata del "asesinato" de Dios, como suele interpretarse ligeramente este anuncio, sino de su "ausencia". Ausencia que percibió Unamuno y que se convirtió en él en una obsesiva voluntad de creer en Dios y de buscar su inmortalidad[55], que hizo decir a Machado: "quien habla sólo espera hablar a Dios un día" (*Retrato,* de *Campos de Castilla*) y reflexionar sobre la fe en *Juan de Mairena*; que afirma Leopoldo Lugones; que tiene en Azorín la forma de un "misticismo ateo"; que se trasluce tímidamente en el poema *Anagke* de Darío y que expresa Julián del Casal en su poema *Desolación* sobre una capilla vacía "del antiguo convento de la aldea", en la que "ha tiempo no resuena en el santuario/ ni la plegaria de la joven pura,/ ni la blasfemia horrible del ateo". (En *Hojas al viento,* 1890). Es la ausencia de Dios que para la lírica francesa especialmente y en sus diversas manifestaciones Hugo Friedrich llamó "trascendencia vacía"[56]. Esta ausencia de Dios tiene una de sus causas más inmediatas en los principios de egoísmo y racionalidad de la sociedad burguesa y en sus valores terrenales, pero también en lo que Hannah Arendt llamó "El triunfo del animal laborans", esto es, la plenitud del proceso de mundanización y racionalización de la vida, la realización del progreso. Esta realización del progreso se debe a la pérdida de la fe, a la mundanización, a la secularización. Pero eso no significa que tras la pérdida de la certeza en un más allá se le ofreciera al hombre un más acá diverso, sino que más bien fue lanzado del más allá y del más acá a sí

---

[55] Compárese la fina y penetrante interpretación de Unamuno de G. Sobejano, *Nietzsche en España*, Madrid, 1967, especialmente p. 481.

[56] *Struktur der modernen Lyrik*, Hamburgo, ²1967, p. 61 y pássim.

mismo, de modo que "la modernidad" no ha de entenderse como "un proceso de mundanización en el sentido riguroso de la palabra"; pues ésta "no cambió un mundo trascendente por uno inmanente, y en el fondo no ganó siquiera una vida terrenal, actual, en lugar de una futura en el más allá; en el mejor de los casos, ésta fue lanzada a sí misma"[57]. La secularización fue no solamente mundanización y sacralización simultánea del mundo y de la vida, sino también pérdida del mundo. La paradoja se explica si por pérdida del mundo se entiende pérdida de una realidad, de un soporte en el mundo que tras la "muerte de Dios", esto es, de la religión entendida como *religatio* (X. Zubiri) ha perdido la orientación. En un estado "caótico" (Fr. Schlegel) es preciso entonces definir de nuevo todas las experiencias del pensamiento y del sentimiento; "mostrar que todas las maneras de pensar y sentir, a las que la fe cristiana-trascendente dio su cuño –¿y de cuáles no cabe decir esto?– perdieron su validez con el fin de la religión; sustituirlas; superar la profunda depresión que siguió inmediatamente a la muerte de Dios mediante una fuerza cada vez mayor de la alabanza y del elogio; acomodar el pensamiento y el sentir a la realidad de un mundo de inmanencia absoluta y hasta purificarlo en revolución radical"[58]. Esta necesidad de definir de nuevo las experiencias del pensamiento y del sentir, de acomodar el pensa-

---

[57] *Vita activa*, Munich, 1960, p. 312.

[58] Erich Heller, sobre la tarea de Nietzsche y Rilke en el mundo tras la muerte de Dios, en: *Enterbter Geist,* Francfort del Meno, 1954, pp. 221 s. La edic. inglesa de 1952, *The Disinherited Mind*, apareció en Bowes & Bowes, Cambridge. Junto con su libro *Die Reise der Kunst ins Innere*, Francfort del Meno, 1966, el citado libro de Heller constituye la exploración más amplia y prometedora del complejo mundo de la Modernidad, sobre todo porque abre nuevas perspectivas que no puede ver quien considera a la literatura como una cadena de cambios estéticos o simplemente formales y sin relación alguna con los problemas que ocuparon a la filosofía del siglo pasado.

miento y el sentir a un mundo de inmanencia absoluta –y que es lo que Hannah Arendt considera como pérdida del mundo– no la habían formulado, en general, Nietzsche ni Rilke por primera vez. Envuelto en los intereses románticos de la época (el descubrimiento de las viejas mitologías y religiones extraeuropeas, como la india y sobre todo la griega) Friedrich Schlegel había escrito en una parte de su *Diálogo sobre la poesía* (1800), esto es, en su "Discurso sobre la mitología": "Habéis escrito poesía, y frecuentemente habéis debido sentir que os hace falta un soporte para vuestro obrar, un suelo maternal, un cielo, un aire viviente. Trabajarlo todo desde lo interior, todo eso debe hacerlo el poema moderno, y muchos lo han hecho maravillosamente, pero hasta ahora cada uno solo, cada obra la han creado como una nueva creación de antemano de la nada... Nos falta, afirmo, en nuestra poesía un centro, tal como lo fue para los antiguos la mitología, y todo lo esencial en lo que la moderna poesía se muestra rezagada frente a la antigua, se puede resumir en una frase: No tenemos mitología. Pero, agrego, estamos cerca de recibir una, o más bien, ya es tiempo de que colaboremos seriamente en crearla"[59]. No sólo Schlegel, sino por las mismas fechas Schelling, Hölderlin y el joven Hegel pedían una *nueva* mitología que, según Schelling, "debe estar al servicio de las ideas, debe ser una mitología de la razón"[60]. Para Schlegel, la nueva mitología debía ser "la más artificial obra de arte, pues debe abarcar a todas las

---

[59] *Kritische Schriften*, sel. y edic. Woldfietrich Rasch, Munich, 1956, pp. 306 s.

[60] Comp. F. Rosenzweig, "Das älteste Systemprogramm des deutschen Idealismus" en *Kleinere Schriften*, Berlín, 1937, p. 257. Hegel habló de una "religión de la fantasía" y esperaba que en los restos de algunas "mitologías" –la creencia en los fantasmas– se encontrara una posibilidad de "ennoblecer la sensibilidad y la fantasía del pueblo" que no entendía a los artistas y a los escritores (p. 270).

demás, debe ser un nuevo cauce y receptáculo de la vieja y eterna protofuente de la poesía y hasta del poema infinito que oculta los gérmenes de los otros poemas"[61]. La nueva mitología fue la poesía, sustituto de la religión perdida, que al consagrarse como "religión del futuro" no solamente se imponía una tarea redentora secular, sino que de antemano condenaba al artista a un fracaso. La sociedad burguesa, que se había liberado de las tradiciones religiosas y había marginado al artista y al arte, esperaba necesariamente del nuevo sacerdote y de la nueva mitología mucho más de lo que esta nueva mitología podía dar. Esperaba una totalidad, una "religión de la prosa", si así cabe decir, que el artista y el arte, ocupados en crear esa nueva mitología y en definir de nuevo las maneras de sentir y de pensar, no podían dar. Su busca experimental de nuevos símbolos, la definición misma de lo que debía ser un nuevo símbolo, se mantuvo en el ámbito particular de los artistas y del arte: no tuvo ni pudo tener el carácter de una *religatio* para todos. Así, la nueva mitología, la nueva religión comprobó involuntariamente la marginalidad del arte y del artista en la sociedad burguesa. Por su parte, la nueva mitología, que según Schlegel era la poesía, y en general el arte, la belleza, desligada de los lazos sociales y religiosos y convertida en "arte libre" (Hegel) no solamente creó un culto a la belleza, sino que tomó conciencia de esa libertad y elaboró los supuestos en que habría de fundarse. Uno de ellos fue el concepto de símbolo. El nuevo concepto de "símbolo" –que suele llamarse "concepto clásico", porque se acuñó en la llamada "época de Goethe"– tiene su origen en una discusión aparentemente retórica sobre los conceptos de símbolo y alegoría. En el curso de esta discusión –que partió del análisis lógico del concepto de símbolo en la *Crítica del juicio* de Kant

[61] *Op. cit.*, p. 307.

(§ 59) y en la que intervinieron Schiller, Goethe, Solger y Schelling– se impuso la opinión de Goethe, quien consideraba la alegoría como un concepto negativo-artístico, y el símbolo como un concepto positivo. La alegoría, ligada a una concepción religiosa del arte, perdió su validez en el momento en que el arte se liberó de los lazos religiosos. Y el símbolo, que según Goethe "es... todo lo que acontece, y en cuanto se expone plenamente a sí mismo alude a todo lo demás" que constituye "la conjunción del fenómeno sensible y de la significación suprasensible", se convirtió en el principio estético universal, en la medida de la "vivenciabilidad", esto es, de la posibilidad de experiencia viva[62]. El "concepto clásico" del símbolo, que experimentó una variación en una obra influyente en la literatura, no en la filología clásica, esto es, en la *Simbólica y mitología de los pueblos antiguos, especialmente de los griegos* (1810-1812) del romántico entre los filólogos clásicos Georg Friedrich Creuzer (1771-1858), fue difundido en Francia con la traducción de la primera edición de la obra de Creuzer por Joseph Daniel Guigniaut (10 tomos, 1828-1841). Y aunque la variación del concepto clásico de símbolo (toda simbólica descansa en la unión originaria entre los dioses y los hombres) reducía su alcance, aquél no dejó de llevar a la patria de Descartes y de Louis Veuillot (el inspirador de Donoso Cortés) dos apreciables suscitaciones: el mundo del "parnaso" griego y el concepto de símbolo, que no era otra cosa que una protoforma, si así se quiere, de las famosas *correspondences*. Pero el concepto clásico de símbolo no solamente abría un mundo insospechado de sensaciones, sino que, elevado a principio estético universal, aseguraba la autonomía de la obra de arte. El "arte libre" tenía en

---

[62] El desarrollo de esta discusión y sus diversas y diferenciadas posiciones se encuentran expuestas en H. G. Gadamer, *Wahrheit und Methode*, Tubinga, ^{2}1965, pp. 69 ss.

el símbolo un mundo autónomo más acá y más allá de la "prosa del mundo". Antes que la autonomía del arte se convirtiera en manos de Victor Cousin en la teoría vaga del arte por el arte, el heterodoxo del saintsimonismo Pierre Leroux (1797-1871) había dado al arte y al símbolo, es decir, al mundo autónomo del arte, una tarea de redención social. En un artículo de 1831, "A los filósofos. Sobre la poesía de nuestra época" (forma parte de una serie) escribió: "La poesía es esta ala misteriosa que vuela gustosamente en el mundo entero del alma, en esta esfera infinita en la que una parte son colores, otra sonidos, otra movimiento, otra juicio, etc., pero en la que todas vibran al mismo tiempo siguiendo ciertas leyes, de modo que una vibración en una región comunica a otra región, y que el privilegio del arte consiste en sentir y expresar estas relaciones, profundamente ocultas en la unidad misma de la vida. Porque de estas vibraciones armónicas de las diversas regiones del alma resulta una concordancia, y esta concordancia es la vida; y cuando esta concordancia se expresa, es el arte; ahora bien, esta concordancia expresada es el símbolo; y la forma de su expresión es el ritmo, que participa del símbolo: he aquí por qué el arte es la expresión de la vida, el ruido de la vida y la vida misma". Esta poesía debe "lanzar a todas las almas capaces de sentirla [la regeneración social] el germen de esta regeneración"[63].

Bénichou apunta (p. 340) que la alianza entre el espíritu humanitario y el simbolismo poético era un haber común de la épo-

---

[63] Cit. por R. Wellek, *A History of Modern Criticism: 1750-1950*, t. 3; *The Age of Transition,* Londres, 1965, p. 278, nota 96. Además, P. Bénichou, *Le temps des prophètes*, París, 1977, especialmente pp. 338 ss. El libro es fundamental para la comprensión diferenciada de la función del arte y de la poesía en las utopías modernas, entre ellas el positivismo, cuya visión simplificada, que lo confunde con el llamado "materialismo" requiere una revisión.

ca. Provenía posiblemente del postulado romántico de Schlegel, cuyo fragmento programático del *Athenaeum* sobre la poesía romántica como "poesía universal progresiva" proclamaba la necesidad de reunificar todo, la poesía y la prosa, la genialidad y la crítica, de mezclar la poesía artística y la poesía de la naturaleza, de "hacer vivaz y sociable a la poesía y de hacer poética a la sociedad"[64]. Pero esta alianza entre el espíritu humanitarista y la poesía simbólica, este postulado romántico de la sociabilización de la poesía y de la poetización de la sociedad, contenían en núcleo la dialéctica del principio de la autonomía del arte y de la poética del arte por el arte. La percibió Baudelaire primero en su soneto *La muse vénale* (núm. VIII de *Les fleurs du mal*), en el que pregunta si es preciso "para ganar tu pan de cada día" cantar *tedéums* a aquellos en quienes no cree, es decir, venderse como prostituta en el mercado burgués. Con intención polémica (contra Théodore de Banville) la había formulado cinco años antes de la elaboración del soneto (en 1857), en el artículo "L'école païenne" (1852), en el que dice: "El gusto desmesurado de la forma lleva a desórdenes monstruosos y desconocidos. Absorbidos por la pasión feroz de lo bello, de lo extraño, de lo bonito, de lo pintoresco, porque hay grados, desaparecen las nociones de lo justo y de lo verdadero. La pasión frenética del arte es una carcoma que devora el resto; y, como la clara ausencia de lo justo y de lo verdadero en el arte equivale a la ausencia de arte, se ha desvanecido el hombre entero"[65]. El contradictorio Baudelaire parecía retractarse y borrar el desarrollo de la estética anterior, preso, como siempre lo estuvo, de una visión católica del mundo. Y anunciaba vagamente las conversiones al catolicismo de los Huysmans y

---

[64] Es el fragmento 116 en la ed. de J. Minor, recogido por Rasch en su antología ya citada *Kritische Schriften*, p. 37.

[65] Charles Baudelaire, *Oeuvres complètes*, Bibliothèque de la Pléiade, París, 1961, p. 627.

demás[66]. Con todo, la cuestión era más profunda. Pues en la alianza entre el espíritu humanitarista y el simbolismo poético, éste último, esto es, el arte autónomo, había proyectado dos caminos que lo alejaban por igual de la realidad: la utopía vaga y la llamada "torre de marfil", en la que el artista, encerrado en su mundo autónomo, soñaba también con un mundo mejor. Pero en los dos casos, ese mundo mejor fue un mundo social y políticamente ineficaz. La nueva mitología, la tarea de definir de nuevo las formas de sentir y de pensar después de la "muerte de Dios", había conducido a un callejón sin salida. Los escritores de lengua española de fin de siglo, que llegaron tarde a esa "última cena" de la modernidad (su talante lo registró, por así decir, César Vallejo en el poema *La cena miserable*, de *Los heraldos negros*, 1918), tomaron conciencia de esta situación y se enfrentaron a ella. No pudieron hacerlo como sus contemporáneos franceses, alemanes, ingleses y hasta italianos, es decir, con un haber filosófico y reflexivo, con una conciencia de los problemas artísticos y sociales que planteaba la realidad histórica desde la Revolución Francesa, al menos, porque dos estamentos residuales del orden feudal, los "defensores" y los "oradores", el Ejército y la Iglesia, desterraron de las Españas el búho de Minerva y sofocaron toda posibilidad de teoría coherente y sustancial. Ni el krausismo ni el positivismo dedicaron especial interés a la estética (el krausismo más que el positivismo) ni a los problemas de la función del arte en la sociedad burguesa secularizada. Sólo fragmentariamente observaron algunos fenómenos, pero las observaciones fueron o muy generales (como las del krausismo sobre la lírica o sobre la literatura en busca de la realidad) o se mo-

---

[66] Sobre el contexto histórico-literario de este fenómeno, compárese el penetrante libro de Hans Hinterhäuser, *Fin de siècle*, Munich, 1977, especialmente el art. "Doppelgänger Christi", pp. 13 ss.

vían indecisamente entre el pensamiento moderno y el pensamiento tradicional (como la del escéptico positivista Enrique José Varona sobre la belleza y el bien). Los escritores españoles de fin de siglo, tanto como los latinoamericanos, no podían encontrar esclarecimiento ni en la *Historia de las ideas estéticas* de Menéndez Pelayo ni en *La evolución de la filosofía en España* de Federico Urales, ni en otros trabajos de estética contemporáneos hoy olvidados (Mila y Fontanals, y periféricamente A. Bonilla San Martín), no sólo porque cronológicamente fueron posteriores (Urales, 1934), sino porque eran estudios y exposiciones doxográficas que no sabían plantear y desarrollar problemas. Así, los escritores de lengua española de fin de siglo recuperaron modestamente esa laguna y la integraron en su trabajo poético. La dialéctica del principio de la autonomía del arte, esto es, que la hipertrofia del arte conduce a su atrofia, marcó el desarrollo de los dos grandes poetas de la época: Rubén Darío y Antonio Machado. Darío abandona el mundo de la buhardilla pintado en *Azul* (*El velo de la reina Mab*) con sus *Cantos de vida y esperanza* (1905). Machado lo hace con sus *Campos de Castilla* (1912), en cuyo prólogo a la edición de 1917 apuntó: "Si miramos afuera y procuramos penetrar en las cosas, nuestro mundo externo pierde en solidez, y acaba por disipársenos cuando llegamos a creer que no existe por sí, sino por nosotros. Pero si, convencidos de la íntima realidad, miramos adentro, entonces todo nos parece venir de fuera, y es nuestro mundo interior, nosotros mismos, lo que se desvanece… Un hombre atento a sí mismo y procurando auscultarse ahoga la única voz que podría escuchar: la suya; pero le aturden los ruidos extraños. ¿Seremos, pues, meros espectadores del mundo? Pero nuestros ojos están cargados de razón y la razón analiza y disuelve. Pronto veremos el teatro en ruinas, y, al cabo, nuestra sola sombra proyectada en la escena.

Y pensé que la misión del poeta era inventar nuevos poemas de lo eterno humano..."[67]. El modesto Antonio Machado resumía densamente en esta reflexión la problemática de todo un proceso en la estética europea y, como pensador más hondo y certero, por modesto, que Unamuno, buscaba la solución de manera muy diferenciada a un problema que Unamuno divisó, pero que resolvió con un gesto malhumorado. "El literato que sólo de literatura se ocupa –decía en una de sus cartas– poco de grande hará, porque la literatura no es una especialidad. Reducida a especialidad, cae en artificio". Casualmente se aproximaba a la citada opinión de Baudelaire, pero sólo casual y muy vagamente. Sin embargo, aunque así fuera y aunque el proteico Unamuno contrapuso al arte como artificio la tesis, igualmente vaga, de que "el arte intensifica lo vivo, pero no da vida a lo muerto... ni lo resucita..."[68], entre las emocionadas contradicciones del helenista salmantino se encuentra la percepción del problema que planteaba la nueva mitología, es decir, el arte autónomo. En José Enrique Rodó la solución de este problema estaba tan cerca de Pierre Leroux como de Antonio Machado: en su *Ariel* (1900), variando a Schiller, y en un lenguaje conceptual que recuerda la estética del siglo XVIII, aseguró que "el sentimiento de lo bello, la visión clara de la hermosura de las cosas" es uno de "los elementos superiores de la existencia racional" que "pueden contribuir a formar un amplio y noble concepto de la vida", pues "el amor y la admiración de la belleza" tienen "suficiente valor para ser cultivados por sí mismos": la "cultura de los sentimientos estéticos" tiene "un alto interés de todos"[69]. Para Rodó, el arte tiene una alta misión ética...

[67] *Obras*, ed. Albornoz-De Torre, Buenos Aires, 1964, p. 47.
[68] *Ensayos*, Madrid, t. II, 1964, la cita de la carta en p. 34. La otra, del art. "Arte y cosmopolitismo", p. 1194.
[69] *Obras completas*, ed. Rodríguez Monegal, Madrid, 1957, p. 213.

que, pese al *pathos* con que Rodó la formula, tiene que concluir necesariamente en eso que se llama Pedagogía, la que fue doble: educación del espíritu y educación continental. Cerca de Rodó estaba Leopoldo Lugones ya en su visionaria y apocalíptica victorhuguesca Introducción a su primer libro, *Las montañas del oro* (1897), en la que tumultuosamente comprueba "la muerte de Dios" y a la vez lo invoca como "cima" del alma, como el que le ha querido que suenen en su oído las "predicciones" del "gran advenimiento", esto es, el Porvenir del Nuevo Mundo, a cuya realización invita el poeta[70]. Esta misión de profeta y conductor se plenifica en sus *Odas seculares* (1910) y lo lleva al discurso pronunciado en Lima en 1924 con ocasión del primer centenario de la Batalla de Ayacucho, en el que anunció: "Ha sonado otra vez, para el bien del mundo, la hora de la espada". A los beneficiarios de esa hora había dado Lugones en 1908, en el Círculo Militar, una conferencia sobre *El ejército de la Ilíada*. Allí comparaba, inexplicablemente, la misión del poeta con la del soldado, y encontraba en los griegos un espejo de vida ejemplar porque en ellos la belleza constituía "un fundamento moral y docente a la vez"[71]. Probablemente, Lugones pensaba en la imagen idealizada de la Grecia que el neohumanismo alemán había creado y que había servido a Hegel para medir y especificar, en contraste, a la moderna sociedad burguesa. Con todo, Lugones no fue el único en deducir de esa Grecia una justificación de la "espada". El gran filósofo clásico Ulrich von Wilamowitz-Moellendorf, el sarcástico crítico de *El origen de la tragedia* de Nietzsche, comparaba muy finamente a los "héroes" de las batallas de Sadowa

---

[70] *Obras poéticas completas*, Madrid, 1952, pp. 59 s.

[71] Compárese Guillermo Ara, *Leopoldo Lugones*, Buenos Aires, 1958, p. 201.

y Sedan con los de Marathon y Salamis de la Atenas de Pericles[72]. Y Lugones y Rodó tampoco fueron los únicos en esbozar una "pedagogía nacional" orientada por los poetas (los filósofos como R. Eucken o Hermann Cohen o Paul Natorp, por sólo mencionar nombres afamados por Ortega y Gasset, también se habían dedicado a esa fervorosa tarea pedagógica). El esteta Stefan George, sobrecogido por la experiencia amorosa con el adolescente Maximin (se llamaba Max Kronberger, tenía 14 años, y la cosa no llegó a mayores; la relación de George con el sustituto de la Beatrice de Dante, en quien el poeta vio la encarnación de Dios, tuvo tanto de pedagogía poética como de cursilería), creó un mito Maximin y al mismo tiempo escribió su libro *El séptimo círculo* (1907): en éste se apartó de su estética anterior, la del arte por el arte, y se volvió a la época. El poema inaugural del libro lleva por título *Poema sobre la época*: justifica el título de la primera parte de la obra, "Poemas sobre la época". Se trata de poemas furibundos contra el presente, contra sus contemporáneos en el tono de lo que entonces se llamó "crítica de la época" y que, en realidad, no era tal sino malestar y descontento de la época, tal como lo ejemplificaron *La decadencia de Occidente* (1918-1922) de Spengler, *El malestar en la cultura* (1929) de Freud, obras tan obviables como la olvidada *Defensa de Occidente* (1934) de Henri Massis, los ensayos de Unamuno y la obra de Ortega y Gasset. Con el instrumento del "poema sobre la época", George celebra a Dante, a Goethe, a Nietzsche, a León XIII y de paso se erige en el conductor de la secreta Alemania, de la "otra Alemania", de la Alemania de los que no "corren... con ruido y li-

---

[72] En un discurso sobre "Año Nuevo 1900", pronunciado en nombre de la Universidad de Berlín, ³1913, p. 157. *Véanse*, además, los discursos con ocasión del jubileo de gobierno y del cumpleaños del emperador –"Períodos del mundo"–, en los que la exuberancia del homenaje deja atrás considerablemente la de Hugo o Whitman, y en mucho cualquier discurso de Castelar.

bertino apetito de la vida/ con paso vulgar y dedo grosero", sino de los "que vinieron en medio de la danza y el canto y el salto/ siempre al lado del compañero y/ con bárbaros gritos de alegría e impulso indomable".[73]. El Nuevo Reino (es el título de los poemas con que George corona, después de *Estrella de la comunidad* [1913] su visión y postulado de la realización de la otra Alemania) se presentó en 1933: con el ascenso de Hitler al poder, apoyado decisivamente por el llamado "partido de centro", que después de la guerra y la catástrofe que ocasionó su aversión al presente se ha llamado "democracia cristiana". George dijo a su manera: "no era esto, no es eso" lo que yo quería. Con todo, su elogioso poema a León XIII, al autor de las llamadas "encíclicas sociales" y que tiene su equivalente en el poema *Anarkos* (1897) de Guillermo Valencia, delataba una de las raíces de su concepción político-estética. También Rilke y Hofmannsthal, Yeats y Azorín inician en esta época un cambio. Con su "poema-cosa" que presenta en *Neue Gedichte* (1907-1908) y su *Malte Laurids Brigge* (1901) busca la posibilidad de exponer la experiencia por medio de la lírica, de aprender a ver, a oír, a oler. Y como Yeats en su cuento *Rosa Alchemica* (1897), en el que abjura de la magia y del sueño y se refugia en la sencillez campesina y en el rosario, así también Hofmannsthal toma conciencia en *El loco y la muerte* (poema dramático, aparecido en 1900) de que la vida del esteta es una vida no vivida y que sólo en la muerte encuentra un sentido de la vida. Pero los cambios iban en otra dirección. Después de los *Nuevos poemas* y de *Malte*, Rilke ve agotada la posibilidad de enriquecimiento del "poema-cosa" y tras largo silencio toma el camino hacia la interioridad, que asimila al mundo y se convierte en el "espacio interior del mundo". Camino parecido siguió Azorín con el *Diario de un*

---

[73] *Werke*, ed. en dos tomos, Düsseldorf, 1958, t. I, pp. 227 y 247.

enfermo (1901) y especialmente con *La voluntad* (1902), que tantas semejanzas tienen con el *Malte* de Rilke.

Estas oscilaciones entre el mundo del arte autónomo y la realidad, que indican, menos que indecisión, la búsqueda de un soporte en un universo que ha perdido su centro y se mueve en una red de "correspondencias" no sólo sensoriales sino también espirituales, no sólo paralelas sino contradictorias[74]; estas oscilaciones, pues, tienen su correspondencia en la simultaneidad de las corrientes literarias que la historiografía literaria tradicional ha considerado sucesivas y clasificado estrechamente: naturalismo, realismo, simbolismo, neorromanticismo, impresionismo, etc. Los autores de fin de siglo asintieron y articularon esas clasificaciones, aunque frecuentemente a posteriori. Los que reaccionaron contra el positivismo y el naturalismo, empero, no percibieron –y no tenían por qué, ni podían hacerlo– que los ideales formales estaban inspirados en las exigencias de rigor, claridad y "objetividad" de los positivistas, de los naturalistas y de la ciencia. "Frecuentemente vuelve la idea de la ciencia como modelo del artista moderno", apuntan Gilbert y Kuhn, en su *Historia de la estética* ya citada (p. 491), sobre los "espiritualistas" enemigos de la ciencia y del positivismo, y arguyen como ejemplo a Flaubert, quien visitó a Egipto para estudiar el escenario de su novela *Salammbô*. La figura del

---

[74] Y que preanunció el contemporáneo de Hegel, William Blake, con sus *Cantos de inocencia y experiencia* (1789-1794) y *El matrimonio del cielo y del infierno* (1790); Bronowski asegura en su clásico libro *William Blake*, Pelican Books, 1954, p. 136, que con el *Matrimonio* Blake se había anticipado en veinte años a la dialéctica hegeliana. No es exacto. Blake, quien había sido suscitado por Swedenborg, otro de los espíritus que renacieron en la época de la Modernidad, estaba más cerca del misticismo que de la mediación racional dialéctica. Es este misticismo secularizado precisamente el que hace de él un anticipador de la búsqueda del fin de siglo. La recepción de Baudelaire por Yeats estuvo preparada por Blake, de quien Yeats decía que había anunciado la "religión del arte".

"poeta doctus", que ha dominado en diversas versiones la literatura contemporánea, proviene de la imagen del "científico" –más del filólogo que del naturalista, formado por el odiado positivismo, la odiada ciencia, el malvado naturalismo– y no del "erudito" o poeta "culto" al estilo de un Quevedo o de un Góngora, por sólo citar ejemplos españoles. Pero estas oscilaciones y sus correspondientes simultaneidades: Mallarmé convive con Zola y A. France, los "realistas" Thomas Hardy y Samuel Butler y George Moore conviven con Yeats y Hopkins, los naturalistas Arno Holz y Gerhart Hauptmann conviven con Stefan George y Hofmannsthal, Darío y Azorín con Galdós y el realista chileno Augusto d'Halmar y con Clarín, etc., tienen un fundamento coherente. (Incoherente es sólo la historiografía literaria que, como en el caso de Lanson para la francesa, fuerza la simultaneidad a someterse a la sucesión generacional, y que establece un antes y un después donde sólo hubo una tumultuosa conjunción de expresiones aparentemente contradictorias). Este fundamento coherente lo expuso, con *pathos* adecuado a la situación, Hermann Bahr (1863-1934), quien junto con Samuel Lublinski (1868-1910) fue uno de los más penetrantes teóricos de la modernidad literaria, en uno de sus artículos de *Crítica de la modernidad* (1890) titulado "La modernidad". (El hecho de que ni Unamuno ni Ortega y Gasset lo conocieron no significa naturalmente que no fue importante). Bahr, quien delata la influencia del estilo del Zaratustra de Nietzsche, decía, después de haber comprobado, como tantos otros, la muerte de Dios y sus consecuencias, que "queremos ser presente", que "afuera, en lo que ha llegado a ser está la salvación", que "adentro, en lo legado de ayer está la maldición". "Queremos peregrinar desde la habitación estrecha y roma hacia las claras y amplias alturas donde cantan los pájaros, peregrinos de los sentidos". "Sí, sólo queremos confiarnos a los sentidos, a lo que anuncian y ordenan. Son los mensajeros de afuera, donde en verdad está la felicidad". "Allí se encontrará el nuevo espíritu. Allí ha de buscarse la verdad. Y esta es triple" y triple es la vida y por eso triple es la profesión del arte nuevo. "Una verdad en el cuerpo, una verdad en los sentimientos, una verdad en los pensamientos. Queremos mirar los cuerpos, los individuales y los totales, en los que vive la humanidad, queremos explorar las leyes a las que obedecen ellos, qué destinos experimentan; de qué nacimientos, después de qué muertes peregrinan, queremos apuntar cómo es. Queremos buscar los sentimientos, en nuestro pecho y en el de los otros, los que sólo suspiran en alguna parte, sueñan o resuellan, queremos verlos en los alambiques, recalentados en vapor y enfriados luego, unidos y mezclados con otros, recocinados en sus gases, queremos tener en cuenta cómo son. Y cuando entonces los signos y las marcas se transforman en los cerebros, cuando se encuentran y se abrazan, se unen en series y se entrelazan en círculos, cuando la verdad que ha entrado al alma se transforma en lo anímico, se hace cargo de las lenguas anímicas y crea símbolos nítidos, cuando por fin todo lo exterior ha llegado a ser interioridad y este hombre nuevo es una plena alegoría de la nueva naturaleza, y es de nuevo una imagen y semejanza de la vieja divinidad tras tan larga deformación, entonces vamos a manifestar este nuevo espíritu, expresar las opiniones y órdenes que tiene"[75]. La triple verdad que buscaban los finiseculares era la de una nueva totalidad, era la superación de las escisiones de la vida moderna. Pero la nueva totalidad que buscaban, la que abarcara el cuerpo, el sentimiento y el pensamiento, la naturaleza y el espíritu, la interioridad y el mundo exterior, era una totalidad inmanente, sin más allá, y captable y expresable con símbolos

---

[75] Reproducido en *Die literarische Moderne*, ed. G. Wunberg, Francfort, 1971, pp. 53 s.

nítidos y el lenguaje de la ciencia. Y estos dos servían tanto para la descripción exacta y despiadada de los "cuerpos, los individuales y los totales" como para los análisis sutiles y atormentados de los sentimientos, de las intimidades del ser humano. Por eso, Hugo von Hofmannsthal pudo decir de este mundo secularizado moderno que "hoy dos cosas parecen ser modernas: el análisis de la vida y la huida de la vida... Se hace anatomía de la propia vida anímica o se sueña. Reflexión o fantasía, imagen de reflejo o imagen de sueño. Modernos son viejos muebles y nerviosidades jóvenes. Moderno es el psicológico oír crecer la yerba y el chapoteo en el mundo fantástico puro del milagro. Modernos son Paul Bourget y Buda; el cortar átomos y el juego de bola con el todo; moderno es el análisis de un humor, de un suspiro, de un escrúpulo; y moderna es la entrega instintiva, casi sonámbula a cualquier revelación de lo bello, a un acorde de colores, a una metáfora chisporroteante, a una alegoría maravillosa... Dos instintos oscurecen la moral habitual: el instinto experimental y el instinto de la belleza, el instinto de comprender y el de olvidar"[76]. Estos dos instintos, o, si se quiere, la búsqueda de una nueva totalidad inmanente de pensamiento, sentimiento y cuerpo, de un principio subyacente a las "correspondencias", deparó a la literatura un enriquecimiento de intensidades y sensaciones, de mundos insospechados y de mundos ocultos, pero a la vez de sentimientos de vértigo ante el infinito que se le abría al hombre y que era a la vez el del cielo del ensueño, el del famoso "azur", y el del abismo, el del infierno; el de la elevación y el de la caída. El Infinito, que designaba la suma de los poderes y bondades de Dios, se había hecho accesible en el mundo secularizado. Aquí designaba no sólo lo insondable y lo lejano, sino una grande y

[76] "Gabriele d'Annunzio", en *Ausgewählte Werke*, ed. R. Hirsch, t. 2, Francfort, 1957, pp. 239 s. El art. es de 1893.

arriesgada aventura. Era una aventura soberbia en el doble sentido de la palabra, porque el nuevo Colón no conocía el mapa de su expedición. Iba trazándolo con cada paso que daba, y como el país que buscaba debía ser un país de nueva plenitud y le era conocido: reinos viejos y lejanos, países exóticos, piedras preciosas y flores exquisitas, recuerdos de cortes de placer y libertinaje y de vidas ascéticas medievales, pasados suntuosos y toda la intensidad de esas épocas vistas desde la perspectiva de una nostalgia. Y cada uno de los trazos que daba en la pintura de ese mapa, es decir, cada poema lujoso, cada prosa introspectiva, cada metáfora osada, le parecía un acto de rebelión contra la sociedad burguesa, contra la prosa del mundo. No fue así. La prosa del mundo no era aventurera ni soñaba lo infinito, sino despiadada en la aventura y brutal como un pirata inglés. Pero el *homo homini lupus*, en que consistió el liberalismo del siglo pasado, el de la libertad burguesa que contenía el germen de la guerra de todos contra todos, de la "selección de las especies", había salido también a la caza del placer. El principio del *utilitarianism* de Bentham fue precisamente el del "placer". Y ese principio, que no sólo fue suyo, sino que presidió de diversas maneras las utopías del siglo pasado, y que en el fondo plenificaba la filosofía del sentido común de la llamada "escuela escocesa", aminoró la rigidez moralista que se ocultaba tras la consigna "evangélica" de "libertad, igualdad, fraternidad". El "principio del placer" de Bentham (que luego habría de retornar, en otro contexto, en la antropología de Freud, producto típico, además de la modernidad que analiza humores, escrúpulos, interioridades) fue el envés del *homo homini lupus*. Pues ¿para qué emprendían la lucha de todos contra todos, sino para gozar? ¿Y qué era el gozo sino la violación de los siete pecados capitales, es decir, de sus prohibiciones? En la experiencia del mundo secularizado, esto es, del mundo sin Dios, la literatura moderna había violado los diez mandamientos (la violación del cuarto fue uno de los motivos del expresionismo: lo ejemplifica *La metamorfosis* de Kafka, quien constituye el eslabón entre la modernidad propiamente dicha y su continuación, el expresionismo: el tema de la "vida no vivida" del esteta, que trata Hofmannsthal, y la "vida no vivida" que atormentó la existencia de Kafka, tienen un remoto origen común: el padre, y lo que ello significa). Y la violación de estos mandamientos constituyó un placer, al menos una curiosa experiencia: sin la violación del quinto mandamiento no hubiera sido posible la novela policial, en la que no aparece un Dios que castiga el delito, sino un analista que investiga el caso. ¿Y qué sería de la literatura si en ésta no se hubiera violado tan deliciosamente el sexto mandamiento, que en la Edad Media fue menos riguroso que en el siglo pacato de la burguesía hipócrita? Al mandamiento desaforado "enriqueceos" de la sociedad burguesa correspondió su otro mandamiento de "representar". Y la "representación" tuvo lugar principalmente en la esfera de la vida pública. Y esta vida pública fue en el siglo pasado la ciudad, ante todo la gran ciudad. La representación, que exigía la supresión de la espontaneidad, que suponía "buenos modales" y que se llamó *sophistication*, se fundaba a su vez en la autoconciencia del burgués venido a más, en su personalidad. Y ésta, a diferencia de la personalidad en el siglo XVIII, estaba "creada por apariencias" en el más amplio sentido de la palabra. Las "apariencias" no "eran velos sino guías hacia el auténtico Yo de quien llevaba los trajes", tan "indeciblemente significativos", como decía Carlyle. Los trajes, la manera de hablar y de comportarse no eran la base de la personalidad, sino la personalidad misma. Era una personalidad alienada que explica la hipocresía de la sociedad burguesa, pero también su facundia retórica. "Fue la conjunción de esta fe secularizada en la personalidad, una fe en las apariencias inmediatas como guía de los sentimientos interiores, con la economía del capitalismo industrial, la que empujó a la personalidad como categoría social al reino de lo público"[77]. Estas "apariencias" no se redujeron al traje, a la manera de hablar, al comportamiento "fingido", sino que abarcaron el "espacio vital" del burgués: la casa y la ciudad. Y pese a las "convenciones" o quizá gracias a los límites que ellas imponían, la "representación" sirvió para encubrir lujosamente los gozos del pecado. (Obdulia Fandiño, un personaje secundario de *La regenta* de Clarín, es un ilustrativo ejemplo de la sensualidad "andrajosa" que produjo esta tensión entre convención lujosa y realidad reprimida). Esta personalidad laberíntica dio su sello a la "vida pública", a la gran ciudad, pero también al mundo circundante de la "personalidad", al *intérieur*. Y los dos proporcionaron al artista, que protestaba contra la hipocresía y el "materialismo" de la sociedad burguesa, un mundo real e inmediato lleno de exotismos, de pasados, de joyas y flores raras, de reminiscencias y de lujo. No sólo en los libros encontraba el artista la "majestad" de una catedral gótica o la belleza de una estatua romana o griega: sus reproducciones estaban a su disposición a la vuelta de la esquina, por así decir. Y aunque todo era "sustituto", no por eso dejaba de ser real. Era su mundo circundante: el de la vida urbana moderna.

Vida urbana

"Entre 1820 y 1900 la destrucción y el desorden dentro de las grandes ciudades es semejante a la de un campo de batalla...", apunta Lewis Mumford, en su popular historia de las ciudades[78],

---

[77] Richard Sennett, *The Fall of Public Man,* Cambridge, 1974, p. 153. Comp., además, J. Habermas, *Strukturwandel der Öffentlichkeit,* Neuwied, 1962, especialmente pp. 24 y ss.

[78] *The City in History,* Pelican Books, Londres, 1966, p. 509.

sobre la ciudad moderna que, con Dickens, llama *Coketown* y que cabría llamar ciudad industrial. Mumford pone de relieve sólo un aspecto del desarrollo urbano en el siglo XIX y lo analiza críticamente pensando quizás en Londres y algunas ciudades norteamericanas. Es el aspecto, además, más descuidado por las historias urbanas de ese siglo. Pero en el siglo pasado, la historia de las ciudades, especialmente de las grandes ciudades, fue efectivamente la de la destrucción y el desorden. Desde otra perspectiva, destrucción y desorden constituyeron el proceso y el resultado a la vez del crecimiento de las grandes ciudades, de sus "ensanches", de sus remodelaciones, de la adaptación inmisericorde a las necesidades e intereses de la nueva sociedad burguesa. El siglo XIX francés tuvo dos arquitectos urbanos, Haussman y Viollet-le-Duc, que hicieron "escuela" y cuyos planes se imitaron en muchos países de lengua española. Pero la "ciudad luz" que ellos construyeron constaba de "grandes pastiches" y fue elevada sobre las ruinas de viejas edificaciones, calles y plazas[79]. Con las ideas de estos dos grandes arquitectos, se importó también en esos países el sentido para los "grandes pastiches". Las grandes ciudades del mundo hispánico se vieron invadidas por esos "pastiches" que, con nombre más moderado, se llamaron "neo-": "neogótico fue el estilo de la catedral de la Almudena de Madrid, neomedieval el de la Universidad de Barcelona, neoárabe y neomudéjar el de la plaza de toros de Madrid, y "neísta" –como se llamó el "eclecticismo" arquitectónico– fue la Biblioteca Nacional de Madrid, en la que se mezclaron el estilo helénico y el renacentista[80]. El "neísmo" se encuentra igualmente en Buenos Aires, una de cuyas muestras, la iglesia de Santa

---

[79] R. Héron de Villefosse, *Construction de París*, París, 1938, cap. VII.
[80] V. Bozal, *Historia del arte en España*, Barcelona, 1972, pp. 287 ss.

Felicitas, anticipo de lo que vendrá después, parece gótica, románica o renacentista, según la perspectiva desde la cual se la mire[81]; en el México de Porfirio Díaz, en Santiago de Chile, en Bogotá: no solamente en los edificios oficiales[82] sino igualmente en las mansiones de los burgueses ricos. Así, por ejemplo, el viajero norteamericano Theodore Child observó en el Santiago de Chile de 1890: "Un señor tiene una casa al estilo de Pompeya, otro se ha hecho construir un sombrío edificio de un falso estilo Tudor, y otro ha querido ser más original y ha pedido un palacete turco-siamés con cúpulas y minaretes. La más suntuosa mansión de Santiago, la de la señora Isidora de Cousiño, está más desprovista de originalidad que otras. Es una valiosa construcción de dos pisos, con pilastras jónicas y capiteles y fayenza azul y amarilla a lo largo de la fachada. El jardín que rodea la casa también recuerda la horticultura europea"[83]. Child, quien venía de un país cuyo "neísmo" había deparado al mundo atracciones turísticas tan sensacionales como la catedral de Saint Patrick de Nueva York o la Casa Blanca, consideraba esta mezcla de estilos como una falta de originalidad, de identidad nacional, específicamente chilena. Si hubiera descrito el Sacré-Coeur de París o el rostro de Viena a finales del siglo pasado, no hubiera reprochado nada, lo hubiera encontrado todo muy original. No lo era. La mezcla de estilos, el llamado "eclecticismo" de la arquitectura urbana del siglo XIX era la expresión concreta del nuevo rico, de la "personalidad" representativa que destruía el pasado y con la revivificación de varios

---

[81] R. G. Parera, comp., *La arquitectura del liberalismo en Argentina*, Buenos Aires, 1968, pp. 111 ss.

[82] El edificio de correos de la ciudad de México fue concebido en un "estilo medio Renacimiento italiano y medio gótico isabelino", J. Fernández, *El arte del siglo XIX en México*, México, 1967, pp. 179 ss.

[83] Recogido en R. Latcham, *Estampas del Nuevo Extremo, Antología de Santiago, 1541-1941*, Santiago de Chile, 1941, p. 268.

pasados buscaba su legitimación cultural. Y la figura del nuevo rico no era exclusiva de los países europeos. Surgió en los países llamados periféricos, que menos que "imitar", simplemente no tenían otra alternativa frente a la presencia del pasado medieval que "asimilar" el camino que, en igual circunstancia, habían seguido las metrópolis. El edificio de la señora de Cousiño no carecía de originalidad: era un producto del siglo XIX en Chile. En el fondo, en nada se diferenciaba estructuralmente de unas de las ciudades europeas que, después de París, es decir de Baudelaire y sus consecuencias, había posibilitado la obra del más fino y preciso motor, crítico y teórico de la modernidad: de la Viena de Hugo von Hofmannsthal. Sobre esta Viena, representativa de París y de Barcelona, de Santiago, Buenos Aires, y Madrid, escribió Hermann Broch en su ensayo "Hofmannsthal y su tiempo": "La característica esencial de un período se puede deducir comúnmente de su fachada arquitectónica, y esta es para la segunda mitad del siglo XIX... ciertamente una de las más lamentables de la historia universal; fue el período del eclecticismo, el del falso Barroco, del falso Renacimiento, del falso Gótico. Cualquiera que fuera el sitio en el que el hombre occidental determinó el estilo de vida, éste se convirtió entonces en estrechez burguesa y al mismo tiempo en pompa burguesa, en una solidez que significaba tanto sofoco como seguridad. Si alguna vez la pobreza fue recubierta por riqueza, aquí ocurrió ello"[84]. Sin embargo, aunque todos los estilos eran falsos, su conjunto no dejaba de mostrar un cosmopolitismo que iba parejo con el cosmopolitismo comercial de las grandes ciudades y de la época de la expansión del capitalismo. Y ese cosmopolitismo era, por inauténtico o falso que fue-

---

[84] En *Dichten und Erkennen*, Ensayos, t. I, Zurich, 1955, p. 43. Es la edición de Hannah Arendt.

ra, real. Sólo los críticos de la ciudad como Héron de Villefosse o Hermann Broch, entre otros, percibieron la discrepancia y la falsedad de esos "renacimientos". No solamente porque los ricos burgueses y el Estado que ellos manejaban habían fomentado el embellecimiento y el engrandecimiento monumentales de su propia clase, de su ciudad y de su Estado y, con ello, habían renovado la faz de las ciudades –en los países de lengua española esa renovación iba acompañada del prestigio de lo extranjero que aureaba en muchos casos con el nombre del arquitecto francés o italiano o estadounidense la mediocridad del profesional– sino porque la mentalidad general encontraba evidente y hasta necesario manifestarse en una arquitectura ecléctica. El arquitecto Juan de Dios de la Rada decía que "el arte arquitectónico de nuestro siglo tiene que ser ecléctico, confundiendo los elementos de todos los estilos para producir composiciones híbridas, en que no se encuentre un pensamiento generador y dominante"[85]. Este eclecticismo no se puso en tela de juicio: constituyó, así, una experiencia evidente cotidiana de los habitantes de las grandes ciudades. A este mundo de reviviscencias de diversos pasados y culturas se agrega lo que Héron de Villefosse llamó la "estatuomanía". No sólo se erigieron monumentos a los héroes de cada país, a sus jurisconsultos y hasta a sus poetas, a sus descubridores y a sus científicos, sino también a la industria, y los escultores tuvieron la oportunidad de contribuir con sus ninfas desnudas y tanta figura de adorable mujer al embellecimiento de los parques, lugares de recreo de la pacata burguesía. (En la conventual Bogotá, por ejemplo, existió una estatua de mármol lla-

---

[85] Cit. por J. M. Jover Zamora, "La época de la Restauración. Panorama político-social 1875-1902" en *Historia de España*, dirigida por M. Tuñón de Lara, t. VIII: *Revolución burguesa, oligarquía y constitucionalismo*, Barcelona, 1981, p. 328.

mada la Rebeca, desnuda, en medio de una fuente de un parque, que tan sólo en los años cincuenta sucumbió a la rigurosa moral del arzobispado: primero le hizo poner un sostén, y luego la hizo desaparecer. Destino que no compartieron tantas estatuas de mujeres desnudas en México y otras capitales del amplio reino hispano-católico). Pero no sólo estas reviviscencias de pasados en la ciudad formaron parte de la experiencia cotidiana de los habitantes de las grandes ciudades. Paralelamente, en todo caso de modo concomitante con esta "cosmopolitización" de la ciudad, se "cosmopolitiza" el interior de las casas, el *intérieur*. Éste, como la ciudad, está compuesto de "pastiches", esto es, de "reproducciones". Se sospecha ese mundo del *intérieur* en la novela de Luis Coloma, S. J., *Pequeñeces* (1890), en la que el furibundo jesuita lo contrapone al idílico del colegio de su orden, identificando al mundo de la frívola y apetitosa Currita con Madrid, la ciudad, de donde se levanta "esa especie de vaho... de las grandes capitales, semejante a las emanaciones de una hedionda charca", y al del colegio con un *locus amoenus* en el más riguroso sentido de topos. Este *intérieur* –que no llamó la atención de los "realistas" Galdós y Clarín, pero tampoco de Valera– cobra un borroso perfil en Azorín. En *La voluntad* –uno de los libros más significativos de la mentalidad y de la problemática de la modernidad en España– la descripción de la sala de trabajo de Antonio Azorín muestra, si se quiere, la invasión del *intérieur* en el interior casi ascético de la España católica, en la celda monjil: "La sala está enlucida de blanco, de brillante blanco, tan estimado por los levantinos; a uno de los lados hay una gran mesa de nogal; junto a esta otra mesita cargada de libros, papeles, cartapacios, dibujos, mapas. En las paredes lucen fotografías de cuadros del museo –la Marquesa de Leganés, de Van Dyck, Goya, Velázquez–, un dibujo de Willette representando una caravana de artistas bohemios [este uso incorrecto del difícil gerundio ha solido achacarlo la Academia, que además de real es castellana, a los hispanoamericanos, R. G. G.] que caminan un día de viento por un llano, mientras a lo lejos se ve la cima de la torre Eiffel; dos grandes grabados alemanes del siglo XVIII, con deliquios de santos; y una estampa de nuestro siglo XVII, titulada *Tabula regnum celorum*... Hay también en la estancia sillas negras de rejilla, y una mecedora del mismo juego. El piso es de diminutos mosaicos cuadrados y triangulares, de colores rojos, negros y amarillos"[86]. Este *intérieur* relativamente sobrio, y menos que *intérieur* la habitación de un escritor, contrasta con los lujosos de *Amistad funesta* de Martí o *De sobremesa* de Silva. Cabría citar los que describe *Casa grande* de Orrego Luco o los que causan la vergüenza del poeta Riga en *El mal metafísico* (1916) de Manuel Gálvez. El de *Amistad funesta* era una "antesala": "De unos tulipanes de cristal trenzado, suspendidos en un ramo del techo por un tubo oculto entre hojas de tulipán simuladas en bronce, caía sobre la mesa de ónix la claridad anaranjada y suave de la lámpara de luz eléctrica incandescente. No había más asientos que pequeñas mecedoras de Viena, de rejilla menuda y madera negra. El pavimento de mosaico de colores tenues, que, como el de los atrios de Pompeya, tenía la inscripción 'Salve' en el umbral, estaba lleno de banquetas revueltas, como de habitación en que se vive... pintado el techo con los bordes de guirnaldas de flores silvestres, las paredes cubiertas, en sus marcos de roble dorado, de cuadros de Madrazo y de Nittis, de Fortuny y de Pasini, grabados de Goupil; de dos en dos estaban colgados los cuadros, y entre cada dos grupos de ellos, un estantillo de ébano, lleno de libros, no más ancho que los cuadros, ni más alto ni bajo que el grupo. En la mitad del testero, que daba

---

[86] Ed. de E. Inman Fox, Clásicos Castalia, Madrid, ^{2}1972, pp. 93 s.

frente a la puerta del corredor, una esbelta columna de mármol negro sustentaba un aéreo busto de la Mignon de Goethe, en mármol blanco, a cuyos pies, en un gran vaso de porcelana de Tokio, de ramazones azules, Ana ponía siempre mazos de jazmines y de lirios. Una vez la traviesa Adela había colgado al cuello de Mignon una guirnalda de claveles encarnados... Y en las esquinas de la habitación, en caballetes negros, sin ornamentos dorados, ostentaban su rica encuadernación cuatro grandes volúmenes. 'El cuervo', de Edgar Poe, el Cuervo desgarrador y fatídico, con láminas de Gustavo Doré, que se llevan la mente por los espacios vagos en alas de caballos sin freno; el 'Rubáyat', el poema persa, el poema del vino moderado y las rosas frescas, con los dibujos apocalípticos del norteamericano Elihu Vedder; un rico ejemplar manuscrito, empastado en seda lila, de 'La noche' de Alfredo de Musset; y un 'Wilhelm Meister', el libro de Mignon, cuya pasta original, recargada de arabescos insignificantes, había hecho reemplazar Juan en París, por una tafilete negro mate embutido con piedras preciosas: topacios, tan claros como el alma de la niña, turquesas, azules como sus ojos..., ópalos como sus sueños; y un rubí grande y saliente, como su corazón hinchado y roto..."[87]. Estos *intérieurs* no eran novelescos. El cambio en el "mueblaje", en las costumbres, en los usos cotidianos bajo la influencia de las modas de París y Londres y como resultado de la expansión del comercio, lo documentan algunos autores costumbristas que, justamente por su apego a la tradición, registraron con cierta nostalgia el pasado que se iba y con resignación la "nueva civilización" que invadía las casas. Así, por ejemplo, el colombiano

---

[87] *Obras completas*, ed. Patronato del libro, t. III, La Habana, 1961, p. 213. En la edición más accesible de *Obra literaria*, selección hecha por Cintio Vitier y Fina García Marruz para la Biblioteca Ayacucho, Caracas, 1978, p. 120. La novela aparece allí con el título *Lucía Jerez*.

José María Cordovez Moure apunta, en sus *Reminiscencias de Santafé y Bogotá* (1893), sobre las tertulias familiares de la tradicional y recatada Bogotá en 1849 que "tuvieron principio hacia el año de 1849 *–corregidas y aumentadas–* por haberse introducido en ellas los usos de las de igual clase de París y de Londres. El mueblaje empezó a reformarse o cambiarse por otro de mejor gusto, en el que se contaban canapés y mesas de caoba, con embutidos blancos del estilo del primer imperio francés; silletas de paja, espejos de cuerpo entero y marco dorado; grandes grabados en acero, de asuntos históricos o fantásticos; arañas y candelabros de bronce dorado y guardabrisas, jarrones de alabastro, porcelana o cristal, alfombra, piano inglés o bogotano (los fabricaba el norteamericano David Mac Cormick); alumbrado de velas esteáricas o lámparas con aceite de nabo; reloj de sobremesa con figuras de porcelana o de bronce. Se desterró de los comedores el uso de los vasos y jarros de plata, para reemplazarlos con servicio completo e igual de cristalería; empezaron a cambiarse los *trinches* de hierro, que parecían *tridentes de Neptuno*, por elegantes y cómodos tenedores de metal blanco, y se cambió el servicio de mesa, que era un verdadero muestrario de cerámica de todas las fábricas del mundo, reponiéndolo con otros de porcelana de Sèvres o de loza de pedernal... Se presentan ya los albores de la nueva civilización, que poco a poco se fue infiltrando en nuestras costumbres..."[88]. Cordovez Moure comentaba sobre esta infiltración que la nueva civilización no iba a dejar rastro de lo que había sido esta sociedad hispana tradicional. El peruano Ricardo Palma se dedicó a salvar en el recuerdo este pasado: en sus *Tradiciones peruanas* (1872-1918) trazó un cuadro de la sociedad tradicional hispana en el Perú, que aunque parecía sólo un resca-

---

[88] Ed. de Elisa Mújica, Madrid, 1962, pp. 31 s.

te del pasado, constituía en realidad el descubrimiento de la interioridad de un mundo más rico y complejo, pero también sofisticado, de lo que hasta entonces se había creído. Las *Tradiciones* de Palma fueron lo que Unamuno quiso designar con el nombre de "intrahistoria", pero fueron una intrahistoria estética que más parecía un pequeño teatro del mundo, un museo de "fantasmagorías" visto desde el palco del burgués[89].

El eclecticismo arquitectónico de las grandes ciudades, producto de la sociedad burguesa, y el correspondiente "cosmopolitismo" del *intérieur* constituyeron un enriquecimiento de la experiencia cotidiana y, con ello, la posibilidad de un enriquecimiento de la expresión. El mundo lujoso y ecléctico, cosmopolita y monumental de la ciudad y del *intérieur* encuentra su expresión poética tanto en las llamadas japonerías y extravagancias de Rubén Darío como en el catolicismo de Huysmans; en los oropeles y piedras preciosas que le reprochaban a Stefan George como en el discreto erotismo de Manuel Gutiérrez Nájera; en la poesía de Julián del Casal y de José Asunción Silva, como en la de Laforgue y J. Herrera y Reissig; en la estética de Walter Pater y en la prosa de Enrique Larreta y de Rodó, y más tarde en la del "pulso del tiempo" de José Ortega y Gasset. Con todo, ese mundo no se expresó solamente de esta manera. La gran ciudad provocó una reacción negativa, diferente de la que manifiesta la tradición de la crítica a la vida de la ciudad y que se inicia con Virgilio. Pues esta reacción negativa es producto de la sensibilidad formada en la gran ciudad y un intento de superar el tumulto de sensaciones con la finura a que educó precisamente el refina-

---

[89] Sobre las *Tradiciones*: J. Basadre, *Perú: problema y posibilidad*, Lima, ²1979, pp. 169 s.; Alberto Escobar, *Patio de letras*, Lima, 1965, pp. 68-140. Sobre el *intérieur*, W. Benjamin, "París, die Hauptstadt des XIX Jahrhunderts", en *Illuminationen*, Francfort, 1961, pp. 192 s.

miento del cosmopolitismo y del lujo. La "crítica a la gran ciudad" se encuentra en Martí ("Amor de gran ciudad" de *Versos libres* o "Envilece, devora..." de *Flores del destierro*), y en el Rilke de *Malte, Laurids Brigge* como en el Azorín de *La voluntad*, la experiencia y la crítica de la gran ciudad son el punto de partida de un intento de superarla mediante la "construcción", si así cabe decir, de la "interioridad", que en Machado es la de sus *Soledades* y "galerías del alma" y en Unamuno la de su alma atormentada por el afán de eternidad.

En uno de los ensayos claves para la interpretación del Modernismo –no del hispano solamente– esto es, *Las grandes ciudades y la vida anímica*[90], observó Georg Simmel que "la base psicológica sobre la que se levanta el tipo de las individualidades de la gran ciudad es la *intensificación de la vida de los nervios*, que emerge del veloz e ininterrumpido cambio de las impresiones internas y externas... En cuanto la gran ciudad crea estas condiciones psicológicas [para el cambio veloz de las impresiones, R. G. G.] –con cada caminada en la calle, con el tiempo y las variedades de la vida económica, profesional y social– crea ya en los fundamentos sensóreos de la vida anímica... una profunda contraposición contra la pequeña ciudad y la vida del campo en el ritmo más lento, más habitual y que decorre más regularmente de su imagen sensorial-espiritual de la vida" (pp. 227 s.). Esto explica el carácter "intelectualista" de la vida anímica del hombre de la gran ciudad, que se diferencia de la del hombre del pueblo y del campo en que ésta se funda más bien en el "ánimo" y en las relaciones emocionales (*loc. cit.*). La explicación de Simmel permite comprender la complejidad del horizonte social y "anímico", para decirlo con una

---

[90] Recogido en la selección de Landamann, *Brücke und Tür*, Stuttgart, 1957, pp. 227-242.

palabra suya, de la Modernidad. La *intensificación de la vida de los nervios* debida a la gran ciudad y su carácter intelectualista, comprobó Baudelaire (en la dedicatoria a A. Houssaye de *Le spleen de Paris* –1864–), estas dos notas de las "villes enormes" e intentó dar expresión al "crecimiento de sus innumerables relaciones" con una "prosa poética, musical, sin ritmo y sin rima, tan flexible y tan dura, para adaptarse a los movimientos líricos del alma, a las ondulaciones del ensueño, a los sobresaltos de la conciencia". Esa prosa fue el "poema en prosa"[91], que no sólo produjo la lírica modernista, intelectual e hipersensible, "incomprensible" entonces para los clientes de lo vagamente "humano" y "sencillo", sino que provocó un retorno a lo llamado "emocional". Este retorno –a la tierra, al paisaje, al terruño, a lo "campesino"– tuvo dos aspectos. El primero fue el de una reacción contra las "alienaciones" de la modernidad, que dio origen a la llamada "crítica de la cultura" y "crítica del tiempo" y de las que son ejemplo *La decadencia de Occidente* de Spengler y *La rebelión de las masas* de Ortega y Gasset, entre muchos más. El segundo fue el famoso "descubrimiento" del paisaje castellano de la llamada Generación del 98 y el "descubrimiento" del pasado indígena, esto es, el "indigenismo" latinoamericano (y el criollismo) que son formas de esta crítica a la modernidad. Convirtieron una realidad social –la fuga del campo, el crecimiento de la ciudad con los que huían del campo– en una alternativa de principio, en una contraposición irreductible: la ciudad y el campo. Pero ésta, que siempre había existido, adquirió un carácter fundamental. En Simmel era sólo una diferencia entre la diferenciada y compleja vida anímica de la gran ciudad y la vida simple del pueblo y del campo, entre

---

[91] *Œuvres*, Pléiade, 1961, p. 229.

"intelectualismo" y emotividad. Eran dos formas de vida que Simmel comprobó, sin valorar, en la sociedad de su tiempo.

Pero estas dos formas, que históricamente se habían mezclado[92] sufrieron un proceso de "ideologización" que correspondería a la creciente urbanización de las sociedades, y adquirieron el carácter de una contraposición básica. Dicho proceso no pudieron articularlo reflexivamente los "regionalistas" de la época como Pereda o los olvidados René Bazin y Alphonse de Chateaubriant en Francia o los alemanes Adolf Bartels y Timm Kröger, o los críticos de la ciudad como Unamuno y Azorín, o el Lugones de las *Odas seculares*. El proceso lo articuló sistemáticamente uno de los padres de la moderna sociología alemana, Ferdinand Tönnies, en su libro *Comunidad y sociedad* (1887; la obra tuvo ocho ediciones siendo la última la de 1935. Aunque los conceptos "comunidad" y "sociedad" fueron formados con intención analítica, en el uso llegaron a tener una coloración política muy ajena a la actitud política de Tönnies. Comunidad llegó a ser la base de la crítica a la civilización y a la modernidad). Tönnies distinguía dos formas de la voluntad: la voluntad de esencia o esencial y la voluntad de escoger (*Kürwille*). La voluntad esencial es el principio de la unidad de la vida, que abarca el pensamiento. La voluntad de escoger es una configuración del pensamiento que sólo en relación con el sujeto, es decir, el autor del pensamiento, adquiere realidad. La primera forma corresponde a la comunidad, lo espontáneo, lo emotivo, a la vida del pueblo y del campo; la segunda, abstracta, corresponde a la vida de la gran ciudad impersonal, racional[93]. Lo

---

[92] En su libro fundamental *Latinoamérica: las ciudades y las ideas*, Buenos Aires, 1976, José Luis Romero habla, por ejemplo, de la "ruralización" de la ciudad.

[93] Gemeinschaft und Gesellschaft, reimpresión de la 8a. edic., Darmstadt, 1972, pp. 85 ss.

que Tönnies formuló científica y sistemáticamente no era otra cosa que el núcleo del malestar por la cultura (así reza el título del libro de Freud, de 1930, sobre el fenómeno). Y éste era complejo. Los regionalistas como Bazin o Pereda, Bartels o Hugh Walpole, o los críticos de la gran ciudad como Unamuno buscaban detener la rueda de la historia. No así los que experimentaron la gran ciudad como un infierno, desde Baudelaire hasta Rilke y Azorín, entre otros. Su actitud ambivalente frente a la gran ciudad tiene, como todo lo que en el mundo de la modernidad parece a primera vista una contradicción, su propia coherencia. Rilke y Azorín, para citar los más claros ejemplos de esta problemática, no pretendieron refugiarse en la vida del campo o del pueblo. Se diferenciaban de los regionalistas en el hecho de que mientras los primeros intentaban restaurar o redescubrir el mundo íntegro y autónomo (es el caso de los modernismos nacionalistas, como el brasileño y en parte el catalán, que comparten en sustancia metas semejantes a las del indigenismo latinoamericano), los segundos, como Rilke, Azorín y tantos otros, trataban de revalorar las cosas que habían perdido su propia significación en la sociedad capitalista y burguesa. Es decir, intentaban ir más allá de la forma de vida abstracta, impersonal, racional de la gran ciudad, de la sociedad (a diferencia de la comunidad), racional sin volver por ello necesariamente a la vida simple, emotiva, íntegra del campo o del pueblo. Esa revaloración de las cosas fundaba su necesidad en la experiencia de la sociedad y de la vida urbana que precisamente había enriquecido su horizonte y, con el "cosmopolitismo", su sensibilidad. Pues el revés –o si se quiere, más bien, la base– de este "cosmopolitismo" era el hecho de que, como apuntaba Marx, "la riqueza de las sociedades en las que domina la forma capitalista de producción aparece como una 'monstruosa colección de mercancías', y la mercancía singular como su forma elemental"[94]. "Una mercancía parece a primera vista una cosa evidente, trivial. Su análisis da por resultado que es una cosa muy enredada, llena de sutileza metafísica y de caprichos teológicos. En la medida en que es *valor de uso*, no hay nada misterioso en ella... Pero en cuanto se presenta *como mercancía* se transforma en una cosa sensorial y sobrenatural... Lo misterioso de la forma de mercancía consiste sencillamente en que les refleja a los hombres los caracteres sociales de su propio trabajo como caracteres objetuales de los productos del trabajo, como propiedades naturales sociales de estas cosas, y de ahí también que les refleja la relación social de los productores con el trabajo total como una relación social de objetos que existe fuera de aquéllos". Esta relación nada tiene que ver con las relaciones físicas entre los objetos físicos, como entre la luz y el ojo. A los productores de trabajo "les *aparecen* las relaciones sociales de sus trabajos privados como lo que *son*, es decir, no como relaciones inmediatamente sociales de las personas en sus trabajos, sino más bien como *relaciones materiales* de las personas y como *relaciones sociales de las cosas*". En estas relaciones se produce "la *igualdad* toto caelo de *diversos trabajos*", que sólo puede existir "en una *abstracción de su desigualdad real*, en la reducción al carácter común que poseen como *desgaste de la fuerza humana de trabajo*, abstractamente llamada *trabajo humano*"[95]. Lo que Marx describió en su laborioso estilo hegeliano puede decirse en pocas palabras: las cosas, convertidas en mercancías, pierden su individualidad, son cosas abstractas, impersonales, que han perdido su "aura", la nota personal del pro-

---

[94] *Das Kapital*, libro I, primer trozo –"Mercancías y dinero"–, cit. según la edic. de H. J. Lieber y B. Kautsky, Darmstadt, 1962, t. IV de *Werke*, p. 3.

[95] *Op. cit.*, 46 y ss. Los párrafos citados forman parte de la famosa teoría de la "alienación" del trabajo y del "carácter fetichista de la mercancía".

ductor, el "cuño individual" de que habla Simmel. Éste apuntó en su *Filosofía del dinero* (1900) que la "facilidad con que se ganan y se pierden las [cosas] poseídas, la fugacidad de su consistencia, de su gozo y de su cambio, brevemente: las consecuencias de la correlación del dinero, las han variado y hecho indiferentes" y que la inseguridad frente a las cosas poseídas específicamente crea el sentimiento "de que el núcleo y el sentido de la vida se nos escapan de las manos". A este sentimiento "corresponde una nostalgia profunda de dar a las cosas una nueva significación, un más profundo sentido, un valor propio. Pero las vivaces excitaciones en el arte, la búsqueda de nuevos estilos, de estilo en general, el simbolismo, y hasta la teosofía, son síntomas de un anhelo de una nueva, más profundamente sensible significación de las cosas –sea que cada una reciba un acento más valioso, más emotivo, sea que mediante la fundación de un contexto, mediante la redención de su atomización la recupere–. Si el hombre moderno es libre –libre porque puede vender todo, y libre porque puede comprar todo– entonces busca ahora, si bien frecuentemente en veleidades problemáticas, en los objetos mismos, la fuerza, consistencia y unidad anímica que él ha perdido en las relaciones con ellos, modificadas por el dinero"[96].

A la búsqueda de un nuevo sentido y de un nuevo valor de las cosas se la llamó "humildad ante la realidad y mística de la cosa" (W. Rehm), y se la ejemplificó en Rilke. En él y en George pensaba Simmel al referirse al "simbolismo", pero cabe citar igualmente a Azorín, Baroja, Valle-Inclán y Unamuno[97], algunos poemas de Darío (*Caracol, La canción de los pinos*), de Manuel

---

[96] Se cita según la reimpresión de la 5a. edic. de 1935, *Gesammelte Werke*, t. I, Berlín, 1958, p. 449.

[97] V. Lily Litavak, *Transformación industrial y literatura en España*, 1805-1905, Madrid, 1980, pp. 35 ss. El punto de partida es muy estrecho y frágil; algunos ejemplos ilustran, sin embargo, el intento de revaloración de las cosas.

Gutiérrez Nájera (*Mariposas, A la corregidora*), de Díaz Mirón (*Dentro de una esmeralda*), los paisajes del mexicano Manuel José Othón, algunos poemas de Salvador Rueda como *El pan*, etc., etc. Pero en todos, esta revaloración de las cosas revela la dialéctica de la experiencia urbana. Tanto el lujo como las cosas humildes (san Francisco de Asís inspira muchos poemas de los escritores de fin de siglo, así en Darío o en Rilke, por ejemplo) eran objetos que habían creado la sensibilidad y el horizonte para percibirlos como lujo y entorno. Pero esos mismos objetos, colocados en el mundo de la experiencia diaria, multiplicados, accesibles a todos (al menos a la vista) en la gran ciudad, perdieron lo que Walter Benjamin llamó "aura", el "aquí y el ahora del original", su "autenticidad"[98], y así la literatura de fin de siglo, al transponerlas en poesía y creación literaria, al acentuar sus contornos y su valor, creyó recuperarlas, darles una nueva "aura" que ya no descansaba en su pura originalidad, sino en el sentido profundo y trascendente que podía encontrar en su simple humanidad o en su pasajero brillo. Esta búsqueda, empero, no carecía de peligros. Pues aunque los escritores de fin de siglo creyeron dar un nuevo sentido a las cosas y encontrar quizá un nuevo sentido de la vida, lo nuevo era lo tradicional: en George, por ejemplo, reaparece la imagen del poeta como creador y genio y conductor de un pueblo; en Rilke y tanto poeta francés hoy relativamente olvidado (Albert Samain, por ejemplo) resurge el misterio, y en un Unamuno o un Ganivet, en el segundo Lugones y en general en los movimientos nacionalistas del modernismo, domina el "valor eterno" de algo. Benjamin asegura –aunque de manera que habría

---

[98] W. Benjamin, "Das Kunstwerk im Zeitalter seiner technischen Reproduzierbarkeit", en *Illuminationen*, Francfort, 1961, pp. 151 s. Las tesis de Benjamin tocan, desde otra perspectiva, el tema del fin del arte y de la nueva función del arte, pero la situación es la misma.

que diferenciar– que estos y otros conceptos tradicionales "encuentran su aplicación incontrolada (y por el momento incontrolable) para la elaboración del material de los hechos en sentido fascista" (*op. cit.*, p. 149). Instrumento de esta aplicación son las dicotomías ciudad-campo, voluntad esencial-voluntad electiva, abstracción-valor auténtico, etc. Pero sería parcial cargar el peligro a los escritores del fin de siglo, que eran parte compleja de la sociedad de fin de siglo y menos responsables del fascismo que la misma burguesía. Los que como George –por citar un ejemplo claro– buscaban un nuevo sentido y al fin de su camino encontraron el fascismo, volvieron las espaldas desengañados. Su teología inmanente no lo había previsto, pero se movía en el campo resbaladizo de las "teosofías" del tiempo, en cuyas fuentes bebió Hitler. Esas "teosofías" (el nombre no designa la Teosofía oficial, sino se usa en el sentido amplio de Simmel) eran diversas, eran sustitutos de la religión.

Sustitutos de religión

Si la religión había perdido su valor, y la filosofía y la ciencia no prestaban orientación sino más bien acentuaban y postulaban una cultura secular, fundada en una ética rigurosa y ascética, ¿qué saber podía dar un nuevo sentido a la vida, qué podía recuperar el supuesto paraíso perdido? Después de su fervor renovador y liberador, los románticos como Novalis y Friedrich Schlegel volvieron los ojos al pasado: a la Edad Media el primero, y a un presente anacrónico, la Austria de Metternich, a cuyo servicio entró después de convertirse al catolicismo, el segundo. El camino a esa conversión al catolicismo, que luego fue corriente en los franceses especialmente, se inició con la religión panteísta de la Naturaleza que Schlegel, junto con Schleiermacher y Novalis, había descubierto. De aquí pasó a la *constitución de la conciencia de lo infinito*, a una religión sin Dios. En su dilucidación del panteísmo en su curso *Sobre el lenguaje y la sabiduría de los hindúes* (1808) puso en tela de juicio el valor del mito y de la mitología. Y con su conversión al catolicismo se retractó de la exigencia de encontrar una nueva mitología. Ciertamente, la conversión al catolicismo tenía una reserva. En 1806 escribió: "Convertirse al catolicismo no significa cambiar la religión, sino apenas sólo reconocerla". Y el reconocimiento de la religión –no como confesión– fue la apertura a un reino que daba sentido a la vida, o al menos lo prometía. Ese reino no era una Iglesia, sino una multitud de iglesias y de teologías que se legitimaban históricamente mediante la invocación de arcanas y arcaicas teorías, desde los griegos, pasando por la Edad Media, el Renacimiento, el siglo XVIII, hasta llegar a los "profetas del día": desde Orfeo y los misterios de Eleusis, Odín, el Corpus hermeticum de Bizancio, el neoplatonismo y el neopitagorismo místico, pasando por Merlín, el Graal, el Ars magna de Lulio y la alquimia en la Edad Media; por Marcilio Ficino, Cornelio Agripa, Paracelso y Nostradamus (el pertinaz *best-seller*) en el Renacimiento por Jacob Böhme, las diversas masonerías, el iluminado Swedenborg, Cagliostro el aventurero, el pío Franz von Baader, los carbonarios, J. G. Hamann, "el mago del Norte" en los tiempos modernos, hasta los codificadores variados de estos saberes, como Eliphas Lévi, Allan Kardec, Helena-Petrovna Blavatsky, el franco-gallego, ingrato estudiante de medicina Gérard-Anaclet-Vicent Encausse (injustamente, Menéndez Pelayo no lo incluye en la lista de los españoles que se han adelantado en algo a algún europeo), llamado Papus, y Joséphin Péladan, que se dio por nombre de batalla el de Sar Mérodack (según el rey de Babel, Merodac-Baladán). Este corpus doctrinario, al que se agregan saberes hindúes (en la Dama Blavatsky) no era sólo "sincrético", como suele decirse, sino nebuloso y casuístico. Sobre uno de los términos técnicos del ocultismo del gran Papus, el de "ternario", apuntó Anatole France que "tenía cierto aire de familia con un cierto viejo anguloso y seco... que había conocido en el colegio... el silogismo... pero me parece que el ternario y el silogismo se parecen como dos hermanos, y se los creería escapados de las rodillas de santo Tomás de Aquino"[99]. No exageraba France si se contempla el sutil análisis que hace Papus del acontecimiento cósmico del "equipaje", por ejemplo (ed. cit., p. 64). Pero de las rodillas de la Santa Madre parecía haberse escapado también el pensamiento del más famoso y decisivo "abbé Alphonse-Louis Constant", quien había llegado a ser diácono y quien después de abandonar carrera tan prometedora se dedica al amor, a frecuentar algunos grupos de extrema izquierda y a publicar cuestiones herético-humanitarias. Después de su fracaso en la política militante, se transformó en Eliphas Lévi: a esta transformación debe el abate Constant su fama e importancia en los medios ocultistas de la segunda mitad del siglo pasado. Había comenzado su carrera de escritor con un libro de oraciones y poemas a la Virgen María (*El rosal de mayo o la guirnalda* de María), al que siguió *La Biblia de la libertad*: anunciaba allí el próximo advenimiento de Paracleto, quien consumaría la decadencia de Roma, y como un Camilo Torres *avant la lettre* –también cabe pensar en Ernesto Cardenal– hacía una interpretación revolucionaria de la moral del Evangelio: "He aquí el segundo advenimiento de Cristo encarnado en la humanidad; he aquí el hombre-pueblo-Dios que se revela". Como era mariófilo, el abate Eliphas había previsto que este hombre-pueblo-Dios viniera acompañado de una persona femenina, esto es,

[99] "Étude et portrait de Papus", en la selección de *Le spiritualisme et l'occultisme* –1902– hecha por la Editorial Laffont bajo el título *L'occultisme*, París, 1975, p. 12.

la France o su sinónimo la Liberté. Papus rechazaba el amor sexual... ¿qué relación sexual podía haber con la France y con la Liberté, con la persona femenina del mariófilo Lévi? Hacia 1840, el abate había pensado en una síntesis entre el Panteón griego y el cielo cristiano. También imaginó a un Cristo que reunía en sí a Pan, Adonis y Apolo, y a una Virgen con el niño prefigurada por Venus y su hijo, y a un Jesús que sería una de las tres reencarnaciones de Prometeo (las otras dos eran Sócrates y Napoleón). En esa misma época declara haber vuelto a la fe católica, y como cualquier Hans Küng *avant la lettre* (otra vez) busca una síntesis del catolicismo con las aspiraciones modernas. Cree encontrarla en la teoría de las correspondencias universales, y escribe un poema, *Les correspondances* (aparecido en 1845), semejante en el título y en el contenido al famoso *Correspondances* de Baudelaire (es el número IV de las tres versiones de *Les fleurs du mal*: la primera, *Les lesbiennes*, es de 1845-1847). Era el anuncio de una poética nueva, que venía de la pluma de un católico-ocultista[100]. El "aire de familia" entre el ocultismo de Papus y de Lévi y las rodillas de la Santa Madre, así como entre una diferencia específica del ocultismo, esto es, la masonería y la poseedora única de la Verdad, es tan indefinido y resbaladizo que cabe designarlo con el nombre que dio Hegel en la *Fenomenología del Espíritu* (1806) a "la exigencia del sentimiento... de arrebatar a los hombres del hundimiento en lo sensóreo, común y singular y de orientar su mirada hacia las estrellas..." "de noche, todas las vacas son negras" (el dicho castellano emplea los "gatos" en vez de las "vacas", quizá porque los hispánicos no son tan amantes de los animales domésticos como los alemanes). Efectivamente, no hay nada más aven-

---

[100] Véase Frank-Paul Bowman, *Eliphas Lévi, visionnaire romantique*, París, 1969, y Paul Bénichou, *Le temps des prophètes*, París, 1977, pp. 435 ss.

turado que precisar las nociones ocultistas que se suponen en un poema movido por esta sincrética fe. Basta un ejemplo, quizá: un poema de Gerard de Nerval titulado *El desdichado* (1853) y que suele citarse como ejemplo de la influencia del ocultismo en la literatura ha sido interpretado con ayuda de esquemas ocultistas. Sobre el primer medio verso del soneto: "Je suis le Ténebreux – le Veuf– l'Inconsolé", dice el comentario: "le Ténebreux", alusión al arcano XV, el diablo, símbolo del infierno interior, de la desgracia, de la división. Nerval nació bajo el signo de Géminis (gemelos) y dividido, esquizofrénico". De la segunda mitad de la segunda línea "à la Tour abolie" dice el comentario: "alusión al arcano XVI, símbolo de la caída". La conclusión de esta filología horoscópica se caracteriza por su "precisión": El soneto *parece* esbozar –dice el comentario– el destino del poeta, destino trazado por los arcanos del Tarot, pero modificable por la alquimia espiritual (poesía, amor, espíritu)[101]. La interpretación es especulativa en el sentido negativo de la palabra, es decir, en el de que adjudica a una palabra un significado que podría tener, pero que no tiene necesariamente. Esta especulación se funda en el hecho de que el lenguaje del ocultismo comparte con el lenguaje de la religión oficial, y consiguientemente con el de la experiencia diaria, muchas nociones, palabras, imágenes y símbolos que sólo en el contexto hermético del ocultismo admiten la interpretación de los iniciados. Pero en tal caso, el poema o la prosa pierden su autonomía y se convierten en rito. Y el rito ya no es cosa de la literatura sino de los iniciados que posiblemente ven en una rosa de algún poema profano la rosa de su simbolismo. Con todo, pese a la nebulosidad del ocultismo o de las teosofías, éstas tuvieron una función en la literatura del siglo pasado: independientemente de

---

[101] Cit. en Pierre A. Riffard, *L'occultisme*, París, 1981, pp. 135 s.

su procedencia dogmática y de su contenido, dicha función fue primariamente estética. En un doble sentido: para expresar "correspondencias" en un mundo predominantemente regido por el principio del símbolo (la creación de símbolos y el uso de la metáfora entendida como una insólita correspondencia llegaron a identificarse más tarde, en algunos vanguardismos, con la literatura, especialmente con la poesía misma), y para explicar el proceso de la propia creación, como es el caso de W. B. Yeats con *A Vision* (1938) o *La lámpara maravillosa* (1916) de Valle-Inclán. Pero esas "teosofías" tuvieron otra función. Fueron "saberes" –en el sentido más amplio de la palabra– que servían a la pregunta por el devenir del mundo, por *su supremo fundamento de su ser así y de su existencia* misma... sin cuyo saber no se puede lograr la determinación de su devenir... este saber de la Divinidad se llama 'saber de redención'[102]. En cuanto eran teologías subsidiarias y eclécticas, no muy lejanas de la superstición y accesibles al charlatanismo, estos saberes, estas teosofías eran un sustituto de la religión y a la vez una forma de protesta contra el mundo moderno de la ciencia. A la exigencia de fundamentación racional y positiva de las afirmaciones sobre el mundo, las teosofías contraponían la vaguedad, la nebulosidad, los cultos; a la nivelación social, a la democratización social, contraponían el esoterismo y las jerarquías (Péladan, quien con su Salón de la Rose-Croix fomentó comercialmente el arte, escribió en el prólogo al catálogo de la primera exposición en 1892 en París: "Artista, eres sacerdote... Artista, eres rey... Artista, eres mago...", y los masones tenían sus escalas y grados); a la racionalidad de la ciencia, la irracionalidad de lo inasible; a la transparencia del espíritu crítico y a las exigencias del pensamiento filosófico contraponían lo contradictorio: afirmaban ideas

---

[102] Max Scheler, *Die Wissensformen und die Gesellschaft* –1952– en *Gesammelte Werke*, t. 8, Berna, ^{2}1960, p. 205.

inconciliables como el hinduismo y el culto a la Virgen, la reencarnación y la moral cristiana, el idealismo neoplatónico y el supuesto panteísmo de Goethe, y en el mundo de esas infinitas correspondencias que habían esbozado se confundían los niveles de análisis, de historia, de mito, de lenguaje y la cosa. Y al tiempo que se hacía esta protesta contra la ciencia, el espíritu crítico y las exigencias de la filosofía, utilizaban un lenguaje de apariencia científica con pretensión de exactitud. Protestaban contra el materialismo de la época en nombre de un espíritu tan vago e indefinible como una cortina de humo. Invocaban lo arcano y la tradición para legitimar su rechazo de lo nuevo, y así al cuerpo de ideas y nociones que profesaban llamaron los "saberes tradicionales". Pero tras todo esto se encontraba una búsqueda. Si la secularización había despertado la necesidad de una nueva mitología y la experiencia urbana la necesidad de dar un nuevo sentido de las cosas, el ocultismo en especial y el llamado espiritualismo servían para satisfacer la necesidad de dar un nuevo sentido a la vida. Amado Nervo y Rubén Darío, Valle-Inclán y Herrera y Reissig se acercaron al ocultismo –en sentido amplio– en busca de solución a sus desorientaciones y aspiraciones. Lugones y Antonio Machado encontraron su puerto seguro en la masonería, en ese humanitarismo que invoca sus orígenes en lo más arcano de la historia. Era una forma arcaica de la metafísica, entendida ésta en el sentido literal de la palabra: lo que está más allá del mundo, del devenir. Y se fundamentaba en la Inseguridad, en la Intranquilidad de que hablaba Martí en el denso prólogo al poema *Al Niágara* de Pérez Bonalde, resultado de lo que el mismo Martí llamó, en dicho prólogo, "desmembramiento de la mente humana". No era sólo una cuita y un dolor personal lo que movió a Darío a escribir el poema con el que cierra sus *Cantos de vida y esperanza*, *Lo fatal* –en el que su pregunta tácita por el "espanto seguro de estar mañana muerto" lo relaciona con el ansia de inmortalidad de Unamuno y toda su problemática literaria–: "Ser y no saber nada –dice en la segunda estrofa– y ser sin rumbo cierto,/ y el temor de haber sido y un futuro terror.../ Y el espanto seguro de estar mañana muerto,/ y sufrir por la vida y por la sombra y por/ lo que no conocemos y apenas sospechamos... y no saber adónde vamos/ ni de dónde venimos". También Antonio Machado con su espera en Dios, Julián del Casal con sus ansias de muerte, entre otros más, expresaban ese estado de inseguridad, de incertidumbre, de fastidio, de insatisfacción que Hugo von Hofmannsthal ejemplificó con su drama poético *El loco y la muerte*, en el que, además de abjurar del esteticismo, planteaba el problema más general del esteticismo y del mundo secularizado. Claudio, el protagonista, vive en un mundo de frialdad y mentira. Sólo la muerte es lo único verdadero que él conoce y que le revela no solamente la verdadera realidad, sino también las mentiras, las relatividades, los malabares de la vida en que ha vivido, esto es, la del hombre estético: es la vida no vivida (será más tarde el problema central de Kafka, atormentado por la embriaguez del acto de escribir en el que, como en un acto de éxtasis, o en un sueño o pesadilla, resuelve parte de sus conflictos con la realidad más inmediata y no logra liberarse de esas cadenas que le impiden vivir). En una nota sobre su drama poético precisó Hofmannsthal el sentido de su problemática: "había que solucionar dos antinomias: la del tiempo que pasa y la duración, y la de la soledad y la comunidad. Sin fe en la eternidad, no es posible una vida verdadera"[103]. Cualquier predicador católico puede argüir esta frase como argumento contundente en favor de la necesidad de la religión. No se trata, sin embargo, de eso. Hofmannsthal planteaba otro problema, el de la necesidad de una trascendencia, de una

---

[103] Cit. en W. Volke, *Hofmannsthal*, Hamburgo, 1967, p. 46.

medida con la que se puede medir el radical inmanentismo de la sociedad burguesa y de sus consecuencias en el arte. Eternidad podía ser entonces el cielo que ofrecía el ocultismo. Este podía decir, tanto como la Santa Madre, a dónde vamos y de dónde venimos. Sólo que la Eternidad de Hofmannsthal era en el fondo una eternidad intramundana, esto es, la Verdad, a diferencia de la Apariencia sobre la que se había edificado el mundo estético ("apariencia" nada tiene que ver aquí con el sentido hipócrita-católico que tiene el dicho "guardar las apariencias" y sobre el que Calderón construyó su teatro). Los conceptos de verdad y apariencia con los que opera Hofmannsthal tienen en la estética del idealismo alemán una significación que, pese al krausismo, no tiene equivalente en la castiza lengua castellana. La causa de esta incapacidad de expresión de la castiza lengua la precisó José María Blanco White[104], y a ello se debe, en parte, el que los poetas y escritores de lengua española carecieran de instrumentos para formular teóricamente los problemas del arte y de la "metafísica". Lo que Hofmannsthal indicaba con su pieza y con su observación (cabría agregar, para completar la perspectiva, *La carta a lord Chandos*, de 1902) era el problema de la verdad del arte. No en el sentido del contenido verdadero del arte, sino en el de la justificación del arte frente a la realidad. El problema lo había planteado Nietzsche.

En uno de los aforismos de *Humano, demasiado humano* (1878) y dentro de un grupo de prosas breves que se ocupan con el artista y el escritor, escribió sobre la "desmesura de los medios artísticos": "Los artistas saben muy bien lo que quiere decir utilizar la desmesura de los medios artísticos para producir la impresión de riqueza. Eso forma parte de las inocentes astucias de

---

[104] *Obra inglesa*, selec. y prólogo de Juan Goytisolo, Buenos Aires, 1972, pp. 308 s.

la seducción de las almas que deben saber manejar los artistas: pues en su mundo, en el que se han puesto las miras a la apariencia, sus medios tampoco tienen que ser necesariamente auténticos"[105]. Apariencia e inautenticidad –no en el sentido moral primeramente– son, pues, instrumentos o "astucias" inocentes en el arte de la seducción de las almas, pues el mundo del artista es el de la apariencia. Pero es en *Así hablaba Zaratustra* (1883-1885) en donde Nietzsche, quien tuvo una actitud tan contradictoria frente a los artistas y a los poetas, precisa el sentido de esta afirmación y saca sus radicales consecuencias. En uno de los "discursos" de la segunda parte, "Sobre los poetas", un discípulo le pregunta a Zaratustra por qué a la afirmación "lo imperecedero es sólo una alegría" agregó: "pero los poetas mienten demasiado". Zaratustra responde que él no es la persona a quien se le puede preguntar por el porqué. En el diálogo que se entabla sobre las cuestiones de este porqué, afirma Zaratustra: "Pero ¿qué te dijo entonces Zaratustra? Que los poetas mienten demasiado. Pero Zaratustra es también un poeta". Y a la afirmación agrega: "¿Crees, pues, que él dijo aquí la verdad? ¿Y por qué crees eso?". El discípulo responde que cree en Zaratustra, éste sacude la cabeza y sonríe, dice que la fe no lo hace feliz y menos la fe en él, y continúa con una censura peyorativa del poeta. "Pero suponiendo que alguien dice con toda seriedad que los poetas mienten demasiado: tienen razón, *nosotros* mentimos demasiado. Sabemos muy poco y somos malos discentes: así que debemos mentir. –¿Y quién de entre nosotros los poetas no ha falsificado su vino? Tanta mezcla venenosa se hizo en nuestras bodegas, tanta cosa indescriptible se hizo allí... Pero esto creen todos los poetas: que quien mientras yace en la yerba o en solitarias pendientes aguza los

---

[105] *Werke*, ed. Schlechta, Munich, 1956, t. I, p. 795, núm. 154.

II Secularización, vida urbana, sustitutos de religión

oídos, se entera de las cosas que hay entre el cielo y la tierra. –Y si les vienen tiernas emociones, entonces los poetas siempre creen que la naturaleza misma se ha enamorado de ellos... ¡Ah, cuán cansado estoy de todas las deficiencias que debieran ser acontecimientos! ¡Ah, cuán cansado estoy de los poetas... Me cansé de los poetas, de los antiguos y de los nuevos: todos me resultan superficiales y mares de poca profundidad. –No pensaron lo suficiente hacia la profundidad: por eso su sentimiento no llegó hasta los fondos. –Algo de lujuria y algo de aburrimiento: eso ha sido aun su mejor reflexión... Tampoco son para mí suficientemente puros; enturbian todas sus aguas para que parezcan profundas... ¡Ah, yo eché mis redes en sus mares y quería pescar buenos peces; pero siempre saqué la cabeza de un viejo dios!... Cierto, en ellos se encuentran perlas: tanto más semejantes son a los animales sosos. Y en vez de alma encontré frecuentemente en ellos baba salada. –Del mar aprendieron solamente su vanidad: ¿no es el mar el pavo de todos los pavos?... Ciertamente, su espíritu es el pavo de los pavos y un mar de vanidad!... Pero yo me cansé de este espíritu: y veo venir que él mismo se cansará de sí! –Ya he visto transformados a los poetas y la mirada dirigida a ellos mismos. –Vi venir penitentes del espíritu: emergían de ellos"[106].
Éste era el mundo de la apariencia del arte, y no solamente era el mundo contradictorio en el que se movía Nietzsche–Zaratustra, el poeta que condena al poeta, sino también el mundo finisecular en el que la ciencia pone en tela de juicio a los que creen que en el ocio saben lo que hay entre el cielo y la tierra y en el que la "sinceridad intelectual" –y ese fue el principio de Nietzsche, que le ha valido el tener tan falsos amigos– desencubre o, para decirlo con una palabra preferida de Nietzsche, desenmascara al poeta y

---

[106] *Werke*, ed. cit., t. II, pp.382 ss.

al artista, enmascarado "contestatario" de una sociedad a cuyo mercado estaba librado, y en el que sabía colocar con astucia inocente y algo de mala conciencia el universo de sus apariencias. Si se deja de lado el problema mismo de Nietzsche, esto es, que él fue un poeta contra su voluntad (como Hermann Broch), seducido por el arte, y un filólogo clásico que con su primer libro perdió su crédito entre sus colegas, y un filósofo que tampoco fue aceptado en su tiempo por sus colegas, el agrio discurso "Sobre los poetas", de cuya censura no se exceptúa él mismo, caracteriza la actitud de los poetas de la modernidad: vanidad, simulación, egotismo, esoterismo, pretensión de llegar a lo Absoluto. En este aspecto, el exabate Eliphas y el franco-gallego Papus van por el camino que siguieron Stefan George con su "Círculo", con su "religión estética", eso es, el culto a Maximin, y Gabriel d'Annunzio y el histriónico Unamuno, y el sensible y complicado Herrera y Reissig, y Eugenio d'Ors, el supuesto "novecentista", y Valle-Inclán, y Wilde o el primer Azorín. Simbólico, en el sentido más sencillo del término, de este camino fue la "procesión de los poetas" que con ocasión del carnaval de 1904 organizó Stefan George en la casa de Heinrich von Heiseler. Max Kronberger, el Maximin del culto, lo recordó en su Diario: "Formábamos un grupo de poetas y por cierto Wolfskehl, conducido por su efebo con lira, como Homero, luego Virgilio y después George vestido de Dante, conducido por mí como noble efebo florentino. El traje me quedó excelentemente. Tenía medias rojas, una túnica de seda roja, en la mano una vela roja y en la cabeza una corona de claveles rojos. George, vestido de Dante, tenía una túnica blanca, una cofia blanca y una corona de laurel. A las ocho y media fuimos a casa de Heiseler, en donde después de la procesión vino Virgilio con una oda latina y Dante con una traducción de Dante. Luego nos repartimos en los salones. Después de habernos quedado hasta las dos menos cuarto, George me acompañó a casa. El 15 de febrero me envió una rama de laurel de la corona que el día anterior había llevado como Dante"[107]. La procesión tuvo lugar poco después de la ruptura de George con el grupo de los "cósmicos", que estaban ligados al Círculo por Wolfskehl, y cuyas figuras principales eran Ludwig Klages, el fundador de la grafología científica, Alfred Schuler, quien se consideraba, según decía Klages, "reencarnación de las chispas inextinguibles de tiempos pasados". Predicaba el hetairismo y el homosexualismo masculino, y veía el arcano contra la "enfermedad de la época" en los misterios antiguos, cuyo mensaje sólo era perceptible al embriagado y al extasiado dionisíaco. Profetizaba el retorno de la redención bajo el signo del "fanal de la sangre" y de la cruz gamada[108]. Si se recuerda que el Sar Péladan se presentó en el primer Salón Rosa-Cruz de 1892, que él organizó, disfrazado de caballero de la Edad Media (y que D'Ors, el superador del modernismo, organizó en los años cincuenta una fiesta de carnaval en la que él se disfrazó de Goethe, y en la que una de las marquesas que frecuentaban su tertulia en la calle Sacramento le prestó a su hija para que el Maestro tuviera la correspondiente Gretchen) o que Guillermo Valencia y Gerhart Hauptmann acomodaban su aspecto exterior al de la iconografía de Goethe, no es difícil concluir que hay una estrecha relación entre el charlatanismo de los ocultistas y el histrionismo y vedetismo de los artistas y poetas. Es lo que Nietzsche reprochaba a los poetas en su discurso contra los poetas, contra "*nosotros* que mentimos demasiado". El teatralismo de los artistas y de los poetas fue a finales de siglo no sólo una radicalización del teatralismo que determina las relaciones de la

---

[107] Cit. por Franz Schonauer, *Stefan George*, Hamburgo, 1960, p.111.
[108] Sobre Klages y Schuler véanse las memorias del gran arqueólogo Ludwig Curtius, *Deutsche und antike Welt*, Stuttgart, 1950, pp. 162 ss.

sociedad burguesa[109], con el objeto de diferenciarse de ella. El teatralismo era más complejo. Fue Nietzsche, el gran desenmascarador, quien supo darle un sentido. Lo hizo con el primero de sus *Ditirambos de Dionisos*. Es el poema que comienza con unos primeros versos serenos y que se va intensificando apasionadamente hasta llegar a una obstinada, pero real comprobación.

> En aire despejado,
> cuando el consuelo del rocío ya
> fluye hacia la tierra,
> invisible, también imperceptible
> –pues tiernos zapatos lleva
> el consolador rocío como todas las suavidades del
>   consuelo–
> recuerdas allí, recuerdas tú, cálido corazón,
> cómo entonces sentiste sed,
> quemado y cansado sentiste sed,
> de lágrimas celestes y gotas de rocío,
> mientras por senderos de yerba amarillos
> miradas del sol maliciosamente crepusculares
> andaban alrededor de ti a través de árboles negros,
> enceguecedoras miradas ardientes del sol, alegres del
>   mal ajeno
> "¿Pretendiente de la Verdad tú?" –se mofaban ellas–
> "¡No! ¡Sólo un poeta!
> un animal, astuto, de rapiña, furtivo,

---

[109] y de la sociedad en general: una corriente de la sociología estadounidense contemporánea parte de la comprobación de que la realidad social es teatral; así, por ejemplo, Irving Goffmann, *The Presentation of Self in Everyday Life*, 1959, o S. M. Lyman y M. B. Scott, *The Drama of Social Reality*, 1975.

que tiene que mentir,
que a sabiendas, por voluntad tiene que mentir
–codicioso de botín,
variopintamente larva,
larva de sí mismo,
eso– ¿el pretendiente de la verdad?
Sólo poeta, sólo bufón
[...]
cansado del día, enfermo de luz,
–me hundí hacia atrás, hacia la tarde, hacia la sombra,
ardido y sediento de una verdad
–¿recuerdas aún, recuerdas tú ardiente corazón
cómo sentías sed?–
que soy desterrado
de toda verdad!
¡Sólo bufón! ¡Sólo poeta!...[110]

Nietzsche, quien decía de Hegel que hablaba como un ebrio, coincide en el fondo con este borracho: el pretendiente de la verdad, el sólo poeta, sólo bufón, el desterrado de la verdad no hace otra cosa que formular patética y poéticamente la tesis hegeliana del fin del arte como satisfacción de los más altos menesteres del espíritu: el poeta como pretendiente de la verdad es sólo un bufón. ¿Sólo un bufón? Bufones fueron, en realidad, Stefan George, Azorín, Rubén Darío, Valle-Inclán, Juan de Mairena y sus máscaras, Oscar Wilde y Huysmans, Hauptmann y D'Ors y Yeats y más tarde Ezra Pound, el contradictorio Baudelaire y Verlaine-Rimbaud y "al cabo, al fin, por último" el posromántico,

---

[110] *Werke*, ed. Schlechta, t. II, Munich, 1955, pp. 1239 ss.

antidariano y a la vez rezagado neorromántico Luis Cernuda. ¿Qué son estos bufones? ¿Qué papel desempeñan estos bufones en la sociedad contemporánea, en la sociedad burguesa?

En las "Dilucidaciones" que antepuso Darío a *El canto errante* (1907) elogia a Theodore Roosevelt porque éste sostiene la utilidad de los poetas para el Estado "y pide para ellos la pública estimación y el reconocimiento nacional". Y después de replicar a un crítico que había asegurado que la "forma poética está llamada a desaparecer", asegura: "Existe una *élite*, es indudable, como en todas partes, y a ella se debe la conservación de una íntima voluntad de pura belleza, de incontaminado entusiasmo. Mas en ese cuerpo de excelentes he aquí que uno predica lo arbitrario; otro, el orden; otro, anarquía; y otro aconseja con ejemplo y doctrina, un sonriente, un amable escepticismo. Todos valen... Precepto, encasillado, costumbres, clisé..., vocablos sagrados. *Anathema sit* al que ose perturbar lo convenido de hoy, o lo convenido de ayer. Hay un horror de futurismo..."[111]. El pragmático presidente había reconocido el valor del bufón, y éste buscaba esbozar su función en la sociedad burguesa, en la prosa del mundo. No era solamente la "voluntad de pura belleza" y de "incontaminado entusiasmo" lo que éste conservaba. Perturbaban lo convenido y proyectaban los contornos del futuro. Desterrados de la verdad, los contradictorios predicadores del orden y de la anarquía, del escepticismo y de lo arbitrario, habían adquirido su función en la nueva sociedad, y ésta era una función paradójica: carecía de lugar y no tenía consiguientemente sustento firme, se sostenía en el aire casi como un volatinero. La carencia de lugar no sólo era, como pensaban Darío y otros veneradores del "dios cuyo arco es de plata", el sueño. Siguiendo la tradición

---

[111] Cit. según la edic. de Ernesto Mejía Sánchez, *Poesía*, Biblioteca Ayacucho, Caracas, 1977, pp. 300 ss.

de Swift, Samuel Buttler la había bautizado y le había dado su tarea propia en su novela *Erewhon* (1872); la Utopía crítica, o la Utopía como un proyecto de existencia mejor, desde la cual la medida con la que se miraba la realidad resultaba necesariamente crítica o satírica. Y la carencia de sustento firme era una herencia más del romanticismo, que el sociólogo Karl Mannheim designó con el nombre de "inteligencia oscilante libremente" (*freischwebende Intelligenz*), o, como se ha traducido el difícil término al inglés, "socially unattached intelligentsia". La nueva función no sólo era paradójica, sino extraordinariamente incómoda. Llamado "intelectual", su portador se convirtió en el objeto de toda clase de improperios. Reinterpretando las tesis de Tönnies sobre la comunidad y la sociedad, Spengler, por ejemplo, encuentra en la "inteligencia" al representante del espíritu degenerado de la "ciudad mundial", de la "civilización". La inteligencia, agrega el sabio "canario" –como lo llamó Robert Musil–, suena a ateísmo, y se diferencia de la sabiduría que es atributo del campo. Los ataques de la derecha no son más duros que los de la "izquierda". En *El ABC del comunismo* (1923) de Bujarín y Preobraschensky, los "intelectuales" aparecen como los defensores del capitalismo, no sólo por amor al sistema, sino porque se les paga bien. Pero los comunistas hacían una diferencia: había los intelectuales comunistas –esto es, los ortodoxos– y los intelectuales que buscaban desviar el comunismo y la "inteligencia del partido". Pero este hecho no libró a los intelectuales de que los llamaran "siervos de la burguesía" y los "grandes enemigos del proletariado". "Irresponsables", "*fellow travellers* de los radicales" y cosas por el estilo decía el sobrio liberal Max Weber de los intelectuales. Y Thomas Mann los llamaba peyorativamente "literatos de la civilización" (en la primera edición de su curioso libro *Consideraciones de un apolítico*, 1919), que por el hecho de ser literatos abominaban de lo "especial" de Alemania y era "casi ya francés". "Le pegaban todos sin que él les haga nada" (Vallejo). ¿Qué hacía para que todos, aun los intelectuales, le pegaran al intelectual?

III

*LA INTELIGENCIA,
LA BOHEMIA, LAS UTOPÍAS*

EL INTELECTUAL es una figura iridiscente. Rubén Darío condena y alaba a Theodore Roosevelt, canta la sangre de Hispania fecunda, sospecha el advenimiento de alguna revolución, y elogia al burgués que le paga, y sirve al dictablando Rafael Núñez. Maurice Barrès postula el culto del yo, ataca a sus colegas "los intelectuales" en nombre del pueblo, escribe sus ensayos *Du sang, de la volupté et de la mort* (1893) en los que pretende explicar las relaciones entre las fuerzas fundamentales de la vida, pero la fuerza, fundamental sangre, lo hace descender a la glorificación de un racismo nacionalista (*très français*) que lo conduce directamente al nacionalsocialismo. Azorín abandona su anarquismo, y aunque cultiva la interioridad, entra a servir al Estado, redescubre los pueblos que había detestado. Unamuno postulaba la "europeización" de España, se sintió socialista, se retractó de la europeización, y aunque se alimentaba de la lectura de teólogos protestantes (Kierkegaard fue un peculiar teólogo protestante) que descendían en última instancia del movimiento iniciado por Kant, le bastaba más que de sobra el que España tuviera a la mística Teresa y que no hubiera producido a Kant. Protestó valientemente contra la ominosa frase de Millán Astray, que podía ser un resumen castrense de su pensamiento: elemental como todo lo castrense, pero, al cabo, resumen. Stefan George esbozó un Nuevo Reino de selectos, de monjes del arte y del refinamiento intelectual, del espíritu y la disciplina estética, sin percatarse de que lindaba no sólo con la cursilería y con la vulgaridad maloliente de la pequeña burguesía, sino con la barbarie del Tercer Reich de Hitler. D'Annunzio, el decadente de su propia ópera, cambió los nervios finos, las osadías, el "cosmopolitismo" por la exaltada adhesión al fascismo. Leopoldo Lugones pasó del *Lunario sentimental,* lúdico, refinado, adelantado de las vanguardias, a la glorificación del "brazo de la espada" que, como el de la Santa Madre hispana, prefiere el yermo intelectual a cualquier audacia lunar o a cualquier normalidad del otro espíritu (no el del Santo). Y Antonio Machado, en fin, quien por sus "gotas de sangre jacobina", su masonería y su emotivo criptocomunismo hubiera justificado la leyenda de que la anti-España era obra de una conjuración internacional del comunismo, la masonería y el judaísmo (este faltó en Machado, pero las citas y la influencia del judío Bergson podrían bastar a un defensor de la verdadera España para complementar la imagen), andaba buscando a Dios con el mismo fervor con el que un místico emprendía su marcha hacia el Amado, y como si esto fuera poco, esperaba del comunismo –en esa fecha era el de Stalin– la realización del cristianismo. ¿Eran diletantes? ¿Merecían el reproche de Nietzsche, esto es, de que "sabemos demasiado poco y somos malos discentes"? Eran "ocasionalistas" en el sentido sarcástico que dio Carl Schmitt a la actitud "oportunista" de los románticos alemanes, especialmente la de Friedrich Schlegel y Adam Müller, y que consiste en que "estos románticos intentaron configurar con material intelectualista su afecto concomitante y conservarlo con argumentos filosóficos, literarios, históricos y jurídicos. Así surgió, junto a la mezcla romántica de las artes, un producto romántico mezclado, formado con factores estéticos, filosóficos y científicos". Estos productos –en España sería la "teoría" de las dos Españas, fundada en el afecto que suele llamarse "dolor" o "preocupación" de España; en Hispanoamérica sería el Indigenismo, fundado en los dos afectos del regionalismo y de un "antiimperialismo" verbal, pues nada hay más fuerte que la "voluntad de dependencia" de la dolorida España y de la estética Indoamérica–, tal como los describió Carl Schmitt (por su parte, tan intelectualmente ocasionalista como los románticos que censura), son "una resonancia razonadora en la que las palabras y los argumentos se funden en una lírica filosofía del Estado, en una ciencia poética de la hacienda, en una teoría musical de la agronomía, todo esto determinado por la finalidad, no de articular la gran impresión que mueve al romántico, sino de parafrasear en una expresión que hace gran impresión[112]. Si se descuenta la iluminadora exageración del sarcasmo, ¿no eran esto (disfraz del afecto con toda clase de argumentos) el Indigenismo hispanoamericano y el "masculinismo" (para decirlo con categorías de Díaz Plaja) de la llamada Generación del 98? Y aunque esta mezcla de las artes es producto coherente de la teoría romántica sobre la relación entre el todo y las partes, de la que surge la poetización de la sociedad y la socialización de la poesía como postulado de la poesía romántica (Schlegel), dicha coherencia teórica no contribuye precisamente a dar contornos precisos a la figura del intelectual.

A esto se agrega el que la sociología de los intelectuales, tal como la esbozó, por ejemplo, Schumpeter en su famoso y brillante –y muy intelectual– libro *Capitalismo, socialismo, democracia* (1946), se ha fijado en la figura no tanto para analizarla como para comprobar el papel perturbador del intelectual, sea en sentido descriptivo (como Schumpeter) o en sentido afirmativo (como Sartre) o en el sentido negativo de las diversas iglesias. No se tiene en cuenta que, aunque la figura puede remontar su existencia al Renacimiento, el nombre y la actitud culminan en 1898 con el Manifiesto de los Intelectuales, que firmaron, entre otros, Zola y Anatole France, Proust y G. Lanson, el historiador Ch. Seignobos, el filólogo Brunot, el germanista, autor de la más completa monografía sobre Nietzsche, Charles Andler, Léon Blum y Victor Bérard, para protestar contra los manejos militares e irregularidades jurídicas en el proceso antisemita contra el capitán Dreyfus

---

[112] *Politische Romantik*, Munich y Leipzig, 1925, pp. 150 s.

que la *Grand Nation* padeció bajo el nombre de "*affaire* Dreyfus". Es decir, que ese "Manifiesto" dio relevancia histórica y social a la actividad intelectual. El caprichoso reaccionario Brunetière –zoólogo de la literatura– se burló de la creación de la palabra *intelectuales* y, como cualquier leninista pequeñoburgués, rechazó más tarde el que ese nombre sirviera para designar una especie de casta nobiliaria, para elevar a los escritores, sabios, filólogos, profesores, a la categoría de superhombres. Brunetière exageraba. Pero pese a esa exageración, como los que firmaron el Manifiesto eran superhombres, comparados con Brunetière, la peculiar innovación lingüística se impuso, y el nombre de *intelectual* nació primeramente no como designación de sabios, filólogos, profesores y escritores que se querían elevar a la categoría de superhombres, sino de un estrato social, o al menos de un grupo social, que consecuente con su actividad intelectual protestaba contra la arbitrariedad y criticaba la inhumanidad. El nombre tenía, pues, un color político. Mucho más tarde, en los años cincuenta, la sociología neutralizó ese color político y llamó intelectuales no solamente a los escritores, sino a los ingenieros, a los médicos, a los abogados, a los gerentes, independientemente de si estos profesionales se ocuparon, después de su paso por la universidad, en cuestiones intelectuales. Cuantitativamente, eran intelectuales todos los que habían pasado por la universidad, los que en Alemania se llaman académicos. Esta ampliación del concepto contribuyó a la mayor confusión. Era una ampliación burocrática que no tenía en cuenta que había muchos doctores que ejercían su profesión como un obrero manual, si no que "intelectualmente" eran casi analfabetos (hoy hay médicos que escriben: "vaya ha ver si han llegado las conservas", etc.). A esta falacia burocrática sucumbe el trabajo meritorio de Francisco Villacorta Baños sobre *Burguesía y cultura. Los intelectuales españoles en la sociedad liberal*,

1808-1931 (Madrid, 1980). Villacorta presenta considerable material empírico de valor, pero su fundamentación teórica no le permite diferenciar el problema. La imagen del intelectual español de la época liberal resulta demasiado amplia, y la posición crítica que subyace en este meritorio trabajo no facilita la comprensión de su actitud. Quizá resulte útil recurrir a dos sociólogos alemanes, hoy olvidados por las nuevas modas, para tratar de precisar la iridiscente figura del intelectual: Theodor Geiger y Karl Mannheim.

En su libro sobre *Tareas y situación de la inteligencia en la sociedad* (1944, publicado en el exilio, en sueco; la edición alemana es de 1949, Stuttgart), Theodor Geiger hace una diferencia esencial entre la inteligencia y los intelectuales. La inteligencia abarca a los "creadores de existencias o haberes de la cultura representativa" y constituyen una muy pequeña parte de la población. En cuanto son productores de haberes representativos de la cultura, su función tiene una significación para la sociedad cultural, esto es, para la sociedad en general que necesita y crea cultura en los términos más amplios. Los intelectuales son los que en "sentido más amplio realizan trabajo espiritual, inmaterial, especialmente los formados universitariamente". No todos éstos crean cultura, no todos los intelectuales son inteligencia. Y los muchos intelectuales que crean cultura –cabe deducir– lo son no en cuanto realizan un trabajo inmaterial, sino en cuanto crean haberes de la cultura representativa. El médico no es inteligencia porque es intelectual, sino porque es poeta con carácter representativo, como Gottfried Benn, por ejemplo. De la inteligencia forman parte, "sin duda, los artistas plásticos, los poetas, los escritores, los investigadores y los inventores" y eventualmente los arquitectos (ed. cit., p. 12 y s.). Dentro de los creadores de cultura representativa caben diversas especificaciones de la función (el músico concertista no es creador, como el compositor, sino mediador, lo mismo que el crítico literario) y de la calidad de las creaciones (la novela rosa y la llamada "alta literatura"), pero esas diferenciaciones no afectan el carácter o género de los productos, pues, anota Geiger, lo mismo que en la sociedad y en los grupos sociales, "la inteligencia también tiene sus gigantes y sus enanos, y como en todas partes, también en la inteligencia los enanos tienen la mayoría". Desde otra perspectiva, Geiger precisa la relación entre inteligencia e intelectual. La inteligencia produce saberes representativos de cultura. Los intelectuales aplican estos saberes, en la medida en que son aplicables, o los consumen (es, por ejemplo, el abogado que lee las investigaciones jurídicas y no ignora la existencia de un Antonio Machado). Los intelectuales –en cuanto no son analfabetos profesionales– tienen de común con la inteligencia la mentalidad y la concepción de la vida. Lo que los separa es la diferencia de las funciones sociales. El objeto del análisis de Geiger no son los intelectuales: éstos tienen interés en la medida en la que sus relaciones con la "inteligencia creadora" lo exigen (*op. cit.*, p. 19). El nombre *inteligencia creadora* podría despertar la sospecha de que Geiger tenía arandelas semirrománticas. El adjetivo *creadora* especifica la actividad de la inteligencia que, en sentido descriptivo, es la de producir bienes representativos de cultura. El socialista y sociólogo empírico Geiger (en 1927 comenzó a trabajar con encuestas y estadísticas) ha comprobado que los miembros de la inteligencia constituyen una parte mínima de la población. No la llama elite, pero la descripción de la tarea de esa minoría corresponde a lo que se entiende por tal. Y así resulta comprensible que al referirse a los reproches que se le hacen a la inteligencia, esto es, el de su alejamiento del "pueblo" –¿y qué es el pueblo sino una invención de los miembros de la inteligencia?– apunte: "No menos insensato es el reproche de la distancia frente al pueblo que se hace a la inteligencia ocioso-estética. Cierto es que una parte de sus creaciones es 'caviar para el pueblo' y que no está adecuada para encontrar eco en un muy amplio público. Y así surge de hecho un mundo espiritual para sí, al margen de la vida cultural del pueblo. Pero aquí se muestra sólo que la democratización de la cultura tiene sus límites, no, empero, que la inteligencia que espiritualiza la existencia ha fracasado en su profesión. La democratización de la cultura sólo puede tener el sentido de hacer generalmente accesibles los haberes representativos de la cultura, el de no reconocer por más tiempo el privilegio de una elite cultural, conservado celosamente, de su gozo. Pero es imposible pretender que la creación de haberes culturales que espiritualizan la existencia se acomode al nivel de las amplias masas. Popularismo a todo precio no es un programa para la creación ocioso-estética. Se puede lamentar que las masas amplias no son sensibles en alta medida para lo sólido. Pero razonablemente no se puede pedir que la inteligencia que espiritualiza la existencia tenga que orientar toda su producción por el nivel mínimo de la capacidad de comprensión y del gusto" (*op. cit.*, p. 165). Además de la exacta descripción del fenómeno de la inteligencia, Geiger justificaba sus exigencias creadoras y su naturaleza estética y de ocio; más aún, la necesidad de una "cultura estética". Pero al mismo tiempo comprueba, más adelante, que estos y otros reproches de género semejante expresan la conciencia de impotencia de la inteligencia –son intelectuales los que hacen dichos reproches– y su rebelión ante el hecho de que ella es espectador pasivo de grandes acontecimientos históricos. La inteligencia duda entonces de la justificación de su existencia, se siente apátrida y se ve obligada a abstenerse de la acción, a ejercer un ascetismo intelectual (*op. cit.*, p. 167), esto es, a soportar en soledad, desesperación y angustia.

Apátrida era la inteligencia en el sentido que le dio Karl Mannheim, es decir, el de ser oscilante. Mannheim se refiere a la inteligencia del romanticismo alemán (sus tesis caben ser aplicadas al romanticismo inglés y al francés) pero la figura del "intelectual" que traza en su artículo "El pensamiento conservador"[113] es válida para la inteligencia de la modernidad, y por eso no ha de extrañar que al positivismo se lo haya llamado "romanticismo desilusionado" y a la lírica moderna "romanticismo desromantizado". Los románticos alemanes, apunta Mannheim, se opusieron al racionalismo de la Ilustración, que los había hecho posibles. Pero mientras el estrato social que había impulsado la Ilustración se encontraba en armonía con sus orígenes histórico-sociales y encontraba su respaldo en la burguesía, el romanticismo, cuyos representantes provenían del mismo estrato, perdió esa armonía y ese respaldo (es el aspecto social del "fin del arte") y padeció una "alienación metafísica" y una soledad creciente. Es este momento, esto es, el del aislamiento del artista, el del fin del arte, el de la "alienación metafísica", en el que se muestra muy claramente que la Inteligencia constituye un fenómeno sociológico especial, cuya clasificación "realsociológica" es tan difícil y compleja debido a la situación exterior extremadamente voluble de este estrato de "apátridas económicos". La Inteligencia alemana, en la medida en que ya era libremente oscilante, se moría de hambre. Se podía intentar vivir de la pluma, pero la independencia espiritual traía consigo considerables dificultades, así que los escritores de entonces, después de una oposición arrebatada contra el mundo circundante, buscaban la salvación en el empleo público. "Justamente a causa de esta situación externa voluble y por un horizonte espiritual que sobrepasaba en mucho el propio y estrecho círcu-

---

[113] 1927, recogido en *Wissenssoziologie*, recop. por K. H. Wolff, Neuwied y Berlín, 1964, pp. 408-508.

lo vital, reunieron estos literatos románticos una inmensa sensibilidad con una inseguridad moral, con una permanente disposición a la aventura y a lo 'oscurante'. Socialmente oscilantes libremente, librados a sí mismos, no pueden tener apoyo. Venden su pluma al gobierno correspondiente… Como no son funcionarios, sino que su tarea consiste esencialmente en influir a la opinión pública y en servicios secretos, adquiere su pensamiento ese rasgo semiconcreto que se mantiene entre la lejanía de mundo de los idealistas y la exclusiva orientación hacia tareas concretas de los funcionarios. No son ni ilusos abstractos ni prácticos limitados. El 'signo del siglo' es el signo de sus problemas, son los filósofos natos de la historia" (*op. cit.*, pp. 454-456). Estos intelectuales son los "ideólogos" típicos, los típicos pensadores de la justificación que saben fundamentar las intenciones políticas de aquellos a quienes sirven. Como de su situación no se deduce lazo alguno, desarrollan una extraordinaria sensibilidad para las tendencias colectivas existentes en su espacio vital y poseen la capacidad de hallarlas y colocarse comprensivamente en ellas. Por su propia cuenta no saben nada, pero en cuanto captan algo extraño y se identifican con él, "lo saben *mejor* y de hecho mejor que aquellos" que tienen la responsabilidad. "Así, la peculiaridad de este estilo de pensamiento se caracteriza por la sensibilidad. Su virtud no es la solidez, sino la 'buena vista' para los acontecimientos en el espacio vital espiritual anímico. Por eso, sus construcciones son siempre falsas o falsificadas; pero algo allí ha sido siempre 'visto bien'… [esta inteligencia romántica] puso a discusión problemas, descubrió campos enteros" (*op. cit.*, pp. 457 s.) que después fueron clarificados por la ciencia en cuanto ésta separó lo fáctico de la mera construcción.

Moralmente inseguros, "filósofos natos de la historia", hombres de extraordinaria sensibilidad, no sólidos pero con "buena mirada", que descubrieron problemas y campos, dispuestos a la aventura y a lo "oscurante"... ¿no fueron eso también, de diversa manera, Unamuno y Darío, Lugones y Baroja, Martí y Herrera y Reissig, Ganivet y Azorín, entre otros? ¿No fue una construcción de "filosofía de la historia" el paisaje de Castilla, la España interior de Ganivet, la América de los indigenistas, la de Lugones, la de Manuel Ugarte, pero también el orden nacionalista de Barrès o la "antropología ética" de Leopold Ziegler (1881-1958, en su libro, hoy olvidado, como el autor, *Der deutsche Mensch*, Berlín, [2] 1916) o las "especulaciones" de Thomas E. Hulme, el teórico del *imagism*, sobre la cultura "clásica"? Es la "filosofía de la historia" que floreció hacia fines de siglo, y que, aunque tenía sus antecedentes, adquirió entonces relevancia social y política. En muchas de estas obras "ensayísticas" se encuentran las raíces, lejanas a veces (como el indigenismo, la invención del paisaje castellano), del irracionalismo político que preparó el camino al fascismo, o se expresan ya directamente postulados claramente fascistas (como en Barrès o en otro "ensayista" alemán de corte semejante, Julius Langbehn [1851-1907], con su famoso libro *Rembrandt als Erzieher* [1890]. Con todo, por encima del color político y de sus consecuencias (casi todas estas "filosofías de la historia" eran consecuentemente conservadoras), Mannheim reconoce una "nota positiva... pues siempre debe y tiene que haber hombres que no estén tan ocupados con los lazos inmediatos que sólo se hagan cargo del cuidado del paso siguiente. Y parece que en el proceso social, cada vez más complicado, es cada vez más necesario que se lo penetre intelectualmente. Al comienzo de esta línea, o al menos en un punto importante de aquel desarrollo en el que la historia se proporciona en cierto modo un órgano de autoobservación, están esas especulaciones filosófico-históricas que sostuvo la filosofía de la Ilustración" (*op. cit.*, pp. 456 s.).

III La inteligencia, la bohemia, las utopías

Esta justificación de la inteligencia es una justificación descriptiva que ya forma parte del haber común de la sociología de los intelectuales, pese a que sean precisamente sociólogos los que vuelven a atacarla[114]. Pero esta justificación de hoy no quita el que en el momento en que el "intelectual" adquirió relevancia social e histórica en un proceso que culmina con el *affaire Dreyfus* – equivalente al 98 para toda la inteligencia de lengua española: baste recordar la importancia del *Ariel* de Rodó– el representante de la inteligencia, el "intelectual", era un "fracasado", para decirlo con una palabra que usa Pío Baroja en su ensayo "El extremista de la burguesía"[115]. "El extremista de la burguesía –especulaba Baroja– es el médico, el abogado, el ingeniero, el militar, el periodista que no es del montón, pero que tampoco tiene energía para destacarse y ponerse en primera fila". Su fracaso lo explica Baroja con un argumento elemental de la psicología social (el de la socialización frustrada, la falta, pues, de una familia que "le ayude y le encauce"), y este argumento lo lleva a la conclusión de que "hay en él también una tendencia de inadaptación". Este desadaptado tuvo en la escuela "una dignidad vidriosa", "toma fama de quisquilloso, de descontento y de quijotesco". Busca empleo pero comprueba que por otros sitios "se ha colado la gente avisada". Y entonces, explica Baroja, "viene el desasosiego, la amargura, la exasperación, el sentido crítico". Los otros han triun-

---

[114] Como una minoría que penetra en el telón de la experiencia concreta inmediata y que proporciona modelos y 'estándares', símbolos y el "enunciado de un ideal político" la examina el estadounidense Edward Shils, en: *The Intellectuals and the Powers*, Chicago y Londres, 1972, pp. 3-23; como una nueva casta de parásitos la designa el sociólogo neotecnoconservador Helmut Schelsky, padre de las reformas universitarias que al convertir la universidad en una fábrica la han destruido, en su libro de título significativo: *Die Arbeit tun die Anderen* –"los otros hacen el trabajo"–, Opladen, 1975.

[115] *Obras completas*, Madrid, 1951, t. VIII, pp. 871 ss.

fado no por el trabajo, sino por la intriga o por el servilismo. La calidad de desterrado, de desdeñado, le hace más agrio y descontento. No puede vivir con los del montón, que le parecen animales de rebaño satisfechos en su mediocridad; tiende a no aceptar nada del pensamiento ajeno... Nuestro fracasado es un rencoroso y un hiperestésico. Siente los golpes y humillaciones de una manera exagerada. Habla mal de todo el mundo... Está dispuesto siempre a firmar protestas. Si es aficionado a escribir, un día salta con un artículo acre en un periódico contra algún colega ilustre. Aunque tenga razón, todo el mundo le da de lado... Yo, ciertamente, no creo que sea despreciable esta gente. La mayoría de los escritores pertenecemos, en parte, a ella. Son un fermento social a veces hasta útil. Tienen un fondo morboso; ¿pero quién no lo tiene? Sólo el hombre completamente estúpido es perfectamente normal". Con pinceladas anecdóticas y de resignado sarcasmo, Baroja ha pintado en este ensayo al "intelectual": sólo se diferencia de Mannhein en el grado de reflexión y articulación teórica. Pero lo que importa destacar aquí es que esa pintura de Baroja se refería a la España finisecular y que, por paradójico que pueda parecer, tenía validez en los aspectos esenciales para la Inteligencia alemana descrita por Mannhein y para la Inteligencia de otros países (por lo que toca a la Inteligencia hispanoamericana de esa época, que, guardadas ciertas notas específicas, participa de la tendencia general; véase Ángel Rama, *Rubén Darío y el modernismo* [Caracas, 1970], especialmente pp. 19-81), o si se quiere decir de otra manera que este "fracasado" y las causas del "fracaso" del llamado "extremista burgués", no eran específicas de la España que diseca críticamente Pío Baroja, sino del mundo burgués. El "fracasado" que pinta Baroja es el "Intelectual" ("la mayoría de los escritores pertenecemos, en parte, a ella", la burguesía extrema).

III   La inteligencia, la bohemia, las utopías

El fracasado como "intelectual" o el profesional fracasado como "intelectual". La caracterización de Baroja es exagerada pero, por encima de la exageración, la figura que pinta Baroja contiene un aspecto del "intelectual", que no fue tan pronunciado en sus antecesores de la Inteligencia romántica, y que se manifestó especialmente en la Francia de mediados del siglo pasado: el de la bohemia. En el contradictorio prólogo al libro que deslindó al bohemio literario de otras figuras llamadas con ese nombre, decía Henri Murger (1822-1861) que "todo hombre que entra en las artes sin otro medio de existencia que el arte mismo tendrá que pasar por los senderos de la bohemia", y después de describir el mundo de la bohemia ignorada, caracterizaba a la "verdadera bohemia… que la componen quienes son los llamados por el arte y tienen también la posibilidad de ser sus elegidos. Esta bohemia está… erizada de peligros; dos abismos la costean: la miseria y la duda"[116]. Las condiciones sociales y culturales de su aparición eran la desaparición de las formas tradicionales de mecenazgo literario, la estabilización triunfante de la clase media burguesa como clase dominante tanto política como ideológicamente, el advenimiento de la técnica y la industrialización, la democratización de la vida literaria en las ciudades, el desempleo de los "intelectuales", y además el *ennui*, la teoría del genio personal y la tensión entre los escritores y la sociedad y el Estado[117]. Para la sociedad, bohemio y poeta fueron sinónimos, y como en sus propósitos de *épater le bourgeois* los poetas escandalizaban con extravagancias, acentuaban el rasgo de bufón que tenían esencialmente en la imagen que de ellos trazó Nietzsche. Se reunían en cafés

---

[116] *Scènes de la vie de bohème* (1851), ed. 1861, París, pp. 6 y 11.

[117] Comp. César Graña. *Modernity and its Discontents*, Harper Torchbooks, Nueva York, ^{2}1967, pp. XV ss., especialmente pp. 37 ss. y 157 ss.

porque allí encontraban lo que les negaba la sociedad: reconocimiento, público, contactos, admiración, seguidores, y porque huían de la mansarda pobre y de la soledad. El café era un mundo contrario al de la vida cotidiana burguesa, "un terreno neutral, no tocado por el cambio de las estaciones" y la correspondencia concreta de la "esfera sublime y arrobada de lo literario"[118].

Esa "esfera sublime y arrobada" de lo literario que se encontraba en los cafés era también una esfera teatral. En el Café de la Luna, de Madrid, se veía a "Alejandro Sawa, que comenzaba a notar la ceguera, caminando con el auxilio de un hermoso perro; y Pedro Barrantes, bohemio y soñador, que iba asesinándose poco a poco con el alcohol, para no morir de una enfermedad moral que padecía. A solas con su dolor, con sus ilusiones, con sus tristezas, permanecía firme en su torre de marfil, sin claudicar un solo día. Cuando terminaba uno de sus versos, batía palmas, gustaba un sorbo de aguardiente que en un frasquito plano llevaba en el bolsillo, y subido en una silla nos leía a todos en voz alta sus poesías". En el Café Colonial, al que asistían Rubén Darío y Alejandro Sawa, entre otros, en una esquina, "entre escombros y telarañas, languidecía un singular tipo de misántropo que se llamaba Gallo Botienes. A éste no hacía falta llevarle ningún libro para sacarle calderilla. Bastaba hablarle de Beethoven. Este hombre solitario… parecía un filósofo o un tipo torturado por alguna historia sombría, era un filarmónico rabioso que tarareaba la música clásica, por las noches,

---

[118] Thomas Mann, *Tonio Kröger*, cit. por H. Kreutzer, *Die Boheme*, Stuttgart, 1968, p. 208. Kreutzer examina la bohemia hasta la *Beat Generation*. Sobre *épater le bourgeois* en la España literaria de 1900, véase Gonzalo Sobejano, en *Forma literaria y sensibilidad social*, Madrid, 1967, pp. 178 ss. Además, M. Aznar Soler, "Bohemia y burguesía en la literatura finisecular", en J. C. Mainer, coordinador, *Modernismo y 98*, Barcelona, 1980. Iris Zavala, *Fin del siglo: Modernismo, 98 y bohemia*, Madrid, 1974.

siempre solo... llevando con la cabeza el compás del sexteto"[119]. Pío Baroja, en fin, quien en su "Bohemia madrileña" de *El nuevo tablado de Arlequín* (1917) trazó un cuadro de los bohemios excéntricos que conoció, meditaba: "De todos aquellos literatos y artistas que emprendieron el paso de este desierto de la indiferencia, unos, los fuertes y los menos, siguieron adelante; otros, quizá los más, quedaron a un lado del camino. Los que han afrontado la miseria y el abandono y han triunfado, es decir, se han conservado dignos, deben mirar el sendero recorrido como una especie de vía Appia sembrada de tumbas... Al pensar en todos aquellos tipos que pasaron al lado de uno, con sus sueños, con sus preocupaciones, con sus extravagancias, la mayoría necios y egoístas, pero algunos, pocos, inteligentes y nobles, siente uno en el fondo del alma un sentimiento confuso de horror, de rebeldía y de piedad. De horror por la vida, de tristeza y de pena por la iniquidad social. Quizá en el porvenir los hombres sepan armonizar la fuerza y la piedad; pero hoy, que todavía la fuerza es dura, brutal y atropelladora, hay que tener piedad; piedad por los desheredados, por los desquiciados, por los enfermos, por los ególatras, cuya vida es sólo vanidad y aflicción de espíritu. Y aunque tengamos la evidencia de que hemos de vivir constantemente en la oscuridad y en las tinieblas, sin objeto y sin fin, hay que tener esperanza. Hay que hacer que nuestro corazón sea como el ruiseñor, que canta en la soledad de la noche negra y sin estrellas, o como la alondra, que levanta su vuelo sobre la desolación de los campos a la luz poderosa y cándida de la mañana"[120].

[119] A. Velasco Zazo, *Panorama de Madrid. Florilegio de los cafés*, Madrid, 1943, pp. 42 y 96. Los ejemplos pueden multiplicarse. Para el Café Auer Keller de Buenos Aires, en donde Darío fue "canonizado", y otros más, véase J. A. Saldías, *La inolvidable bohemia porteña*, Buenos Aires, 1968.

[120] *Obras completas*, t. V, Madrid, 1948, p. 95.

Compasión y humanidad, indignación resignada y esperanza: ésta es la suma de la experiencia bohemia de Baroja, y es también, por encima de lo bufonesco y teatral, de los linderos cínicos que la unen con el dandismo, el talante de la bohemia. Es el suelo fecundo en el que crece el "principio esperanza" (Ernst Bloch), esto es, la Utopía. Hacia finales del siglo XIX y comienzos del presente emergieron con mayor fuerza y exigencia que en la época llamada romántica los anhelos de salvación, de liberación, de purificación, de plenitud. Se esperaba el reino milenario, la nueva Sión, el nuevo reino. Se manifestaban de manera mesiánica y soteriológica, en otra de las formas "sincretistas" que conoció el fin del siglo: de impulso marxista y en lenguaje cristiano. En *Luces de bohemia* (1924) habla Max a su compañero de celda, el trabajador: "Los obreros se reproducen populosamente, de un modo comparable a las moscas. En cambio los patronos, como los elefantes, como todas las bestias poderosas y prehistóricas, procrean lentamente. Saulo, hay que difundir por el mundo la religión nueva. El preso: Mi nombre es Mateo. Max: Yo te bautizo, Saulo. Soy poeta y tengo derecho al alfabeto. Escucha para cuando seas libre, Saulo. Una buena cacería puede encarecer la piel del patrono catalán, por encima del marfil de Calcuta. El preso: En ello laboramos. Max: Y en último consuelo, aún cabe pensar que exterminando al proletariado también se extermina al patrón"[121]. El poeta bautiza al profeta de la religión nueva y ese derecho de bautizar lo deduce de su oficio de poeta, que además le permite imaginar un consuelo: el de la utopía al revés, esto es, el de la eliminación de los patronos por la previa eliminación de los proletarios. Pero en medio de la imagen que se divisa en el espejo cóncavo de este esperpento de Valle-Inclán, brilla el mensaje de

---

[121] *Obras completas*, t. I, Madrid, 1952, p. 914.

redención del bohemio. Este mensaje fue la Utopía. Volvió a nacer en el mundo de la inteligencia, de los "intelectuales" o "literatos" de café –despreciados por los políticos realistas de todos los colores–, no en la atmósfera de Thomas More y Francis Bacon o de Campanella, sino en la más movida, si se quiere, que alegóricamente registró Gerhart Hauptmann en su novela *El bufón en Christo Emmanuel Quint* (1910): "Sobre las muchas mesas de cervecería de círculos politizantes de la población, oscilaba entonces, mezclada con el vaho del cigarrillo y de la cerveza e igual a una colorida nube narcótica, la Utopía"[122].

La Utopía era una "construcción de filosofía de la historia", y no sólo pretendía explicar o interpretar la realidad presente, sino oponerle un mundo mejor. Pero, quizá con la excepción de William Morris, estas utópicas filosofías de la historia eran imprecisas. El paisaje castellano, la América de Manuel Ugarte y Darío o la de Martí, el Reino de George, la "Nación" de Barrès, la España interior de Ganivet, la "otra España" eran esbozos de regiones pacíficas, de mundos mejores, de lejanas unidades, realizables sólo bajo la condición de que al mapa utópico se le dieran contenidos concretos y fines alcanzables. Pero como acababan de renacer, pedir esto era tanto como exigir su decapitación en aras de la política realista de esos años. Algunas Utopías sucumbieron a ese postulado: las que volvieron sus ojos a las "interioridades", al terruño, a lo telúrico, al campesino como ideal de vida sencilla, o a un nuevo orden de disciplina y jerarquía o a la sangre (y eso fueron las de Barrès, Ganivet, Azorín, George, los indigenistas y los regionalistas) entraron a formar parte de los aparatos ideológicos de los fascismos. Las que miraron al futuro, siguieron en oposición al mundo tal como era, y mantuvieron el impulso

---

[122] En *Sämtliche Werke*, ed. Hass, t. 5, Francfort, 1962, p. 263.

dinámico (como Martí), que a comienzos de siglo recuperó Bloch para elaborar una Utopía filosófica, esto es, un "sistema filosófico de la Utopía", diferenciado y fundado no en el simple más allá anhelado pero nebuloso y lejano, sino en la estructura misma del hombre y de sus manifestaciones culturales. Con *El espíritu de la Utopía* (1918), cuyo estilo literario y motivos se encontraban en el límite entre el "modernismo" y el expresionismo, emprendió Bloch la tarea de articular sistemáticamente esa "nube colorida y narcótica" que oscilaba sobre las mesas de los literatos de café, de potenciar filosóficamente la herencia de los bohemios.

En los países de lengua española la Utopía tuvo dos teóricos: José Enrique Rodó y Pedro Henríquez Ureña. Su reino amplió el de la literatura, y al enriquecimiento formal y temático que trajo el modernismo se agregó el enriquecimiento de la literatura fantástica. No era extraña, como dice Manuel Pedro González, a la mentalidad hispana. Con el modernismo, esta mentalidad se había abierto al mundo, había asimilado el pensamiento y la literatura europeos del siglo XIX, se había puesto, en ocasiones, a su altura, y había perfilado su especificidad. Los países de lengua española ya no deberían considerarse zonas marginales de la literatura mundial.

CRONOLOGÍA

1835   Hegel, *Lecciones sobre estética* (ed. póstuma)

Th. Gautier, *Mademoiselle de Maupin*.

1840-45   E. A. Poe, *Cuentos de lo grotesco y lo arabesco*.

1842   Nace Mallarmé en París.

1845-55   Baudelaire, *Curiosidades estéticas* (ed. compl. 1865).

1846   Nace Lautréamont en Montevideo.

E. A. Poe, *Filosofía de la composición*.

1846-62   Baudelaire, *El arte romántico* (ed. compl. 1868)

1848   E. A. Poe, *El principio poético*.

1853   Nace José Martí en La Habana.

1854   Nace Rimbaud en Charleville.

Viollet-le-Duc, *Diccionario razonado de la arquitectura francesa*.

G. de Nerval, *Las quimeras. Silvia*.

Baudelaire comienza la traducción de los cuentos de Poe.

1855   Exposición Internacional en París.

W. Whitman, *Hojas de hierba* (-91).

1857   Baudelaire, *Las flores del mal* (ed. definitiva; póstuma, 1868).

Champfleury, Manifiesto *El realismo*.

1859   Nace Bergson en París.

1860   Baudelaire, *Los paraísos artificiales*.

1861	D. G. Rosetti, *Primeros poetas italianos*.
1862	V. Hugo, *Los miserables*.
	Flaubert, *Salammbô*.
	Leconte de Lisle, *Poemas bárbaros*.
	A. Blest Gana, *Martín Rivas*.
1863	Nace Julián del Casal en La Habana.
	Nace Gabriele d'Annunzio en Pescara.
	S. Mill, *Sobre el utilitarismo*.
	Ibsen, *Los pretendientes*.
	Rosalía de Castro, *Cantares gallegos*.
	Carducci, *A Satanás*.
	Gautier, *El capitán Fracasse*.
1864	Baudelaire, *El esplín de París*.
	Los Goncourt, *Renée Mauperin*.
	Machado de Assis, *Crisálidas*.
1865	Nace W. B. Yeats en Dublín.
	M. Arnold, *Ensayos críticos*.
	Swinburne, *Atalanta en Calidón*.
	Los Goncourt, *Germinie Lacerteux*.
	Sully-Prudhomme, *Estancias y poemas*.
	C. Bernard, *Introducción al estudio de la medicina experimental*.
	Francisco Bilbao, *Obras completas*.
	Nace José Asunción Silva en Bogotá.
1866	Verlaine, *Poemas saturnianos*.
	Swinburne, *Poemas y baladas*.

	Juan Montalvo, *El cosmopolita*.
	Antología *El parnaso contemporáneo*.
1867	Nace Rubén Darío en Metapa, Nicaragua.
	Muere Baudelaire en París.
	Ibsen, *Peer Gynt*.
	J. Isaacs, *María*.
	R. J. Cuervo, *Apuntaciones críticas sobre el lenguaje bogotano*.
	Caro y Cuervo, *Gramática de la lengua latina*.
1868	Lautréamont, *Los cantos de Maldoror*.
	Haeckel, *Historia natural de la creación*.
	Tobías Barreto y Silvio Romero forman la "escuela de Recife".
	Nace Stefan George en Bingen.
1869	Flaubert, *La educación sentimental*.
	Verlaine, *Fiestas galantes*.
1870	B. Pérez Galdós, *La fontana de oro*.
	Taine, *Sobre la inteligencia*.
	Muere Lautréamont en París.
1871	Rimbaud, *El barco ebrio*.
	E. Zola, *Los Rougon-Macquart*.
	Darwin, *El origen del hombre*.
	Renan, *La reforma intelectual y moral*.
	Bécquer, *Obras* (dos volúmenes).
	Nace J. E. Rodó en Montevideo.
1872	Nace Pío Baroja en San Sebastián.
	S. Butler, *Erewhon*.

Nietzsche, *El origen de la tragedia*.

Ricardo Palma, *Tradiciones peruanas*.

1873   B. Pérez Galdós comienza los *Episodios nacionales*.

Rimbaud, *Una temporada en el infierno*.

Walter Pater, *Ensayos sobre el Renacimiento*.

1874   Flaubert, *La tentación de san Antonio*.

Verlaine, *Romanzas sin palabras*.

Juan Valera, *Pepita Jiménez*.

Mallarmé, *La última moda*.

Barbey d'Aurevilly, *Las diabólicas*.

Nace Hugo von Hofmannsthal en Viena.

Rimbaud abandona la vida literaria.

1875   Nace Rilke en Praga.

Nace Antonio Machado en Sevilla.

Nace Julio Herrera y Reissig en Montevideo.

Madame Blavatsky funda la Sociedad Teosófica.

Núñez de Arce, *Gritos de combate*.

Tobías Barreto, *Estudios de filosofía y crítica*.

1876   B. Pérez Galdós, *Doña Perfecta*.

E. Zola, *La taberna*.

J. Montalvo, *El Regenerador*.

Manet: retrato de Mallarmé.

1877   Spencer, *Principios de sociología*.

Flaubert, *Tres cuentos*.

V. Hugo, *La leyenda de los siglos*.

Echegaray, *O locura o santidad*.

1878 Nietzsche, *Humano, demasiado humano*.

1879 Ibsen, *Casa de muñecas*.

H. James, *Daisy Miller*.

1880 Maupassant, *Bola de sebo*.

Zola, *Nana*.

Swinburne, *Canto de primavera*.

Menéndez Pelayo, *Historia de los heterodoxos españoles*.

Enrique José Varona, *Conferencias filosóficas* (-88).

Juan Montalvo, *Las catilinarias*.

Manuel José Othon, *Poesías*.

Rimbaud en África.

1881 Nace Juan Ramón Jiménez en Moguer.

Andrés Bello, *La filosofía del entendimiento* (póstumo).

A. France, *El crimen de Sylvestre Bonnard*.

Verlaine, *Cordura*.

G. Verga, *Los malavoglia*.

1882 J. Martí, *Ismaelillo*.

C. Villaverde, *Cecilia Valdés* (ed. definitiva).

Juan Montalvo, *Siete tratados*.

V. Pérez Rosales, *Recuerdos del pasado*.

J. M. Pereda, *El sabor de la tierruca*.

B. Pérez Galdós, *El amigo Manso*.

Carducci, *Confesiones y batallas*.

1883 Nietzsche, *Así hablaba Zaratustra*.

Villiers de l'Isle-Adam, *Cuentos crueles.*

Amiel, *Diario íntimo.*

Bourget, *Ensayo de psicología contemporánea.*

Enrique Piñeyro, *Poemas famosos del siglo XIX.*

Gutiérrez Nájera, *Cuentos frágiles.*

D. F. Sarmiento, *Conflictos y armonías de las razas en América.*

Menéndez Pelayo, *Historia de las ideas estéticas en España.*

1884   Verlaine, *Los poetas malditos.*

J. K. Huysmans, *A rebours.*

Leconte de Lisle, *Poemas trágicos.*

Strindberg, *Casados* (1a. serie).

F. Gavidia, *Versos.*

L. V. López, *La gran aldea.*

1885   Zola, *Germinal.*

Laforgue, *Las lamentaciones.*

José Martí, *Amistad funesta* (Lucía Jerez).

J. M. Pereda, *Sotileza.*

Clarín, *La regenta.*

1886   Rimbaud, *Las iluminaciones.*

J. Moréas, *Manifiesto simbolista.*

E. Pardo Bazán, *Los pazos de Ulloa.*

Díaz Mirón, *Poesía escogida.*

1887   Mallarmé, *Poesías.*

Strindberg, *Hijo de la sierva.*

D'Annunzio, *Las elegías romanas.*

B. Pérez Galdós, *Fortunata y Jacinta*.

Ricardo Palma, *La bohemia de mi tiempo*.

1888   Nietzsche, *El Anticristo*.

Strindberg, *La señorita Julia*.

Leopoldo Díaz, *Sonetos*.

Zorrilla de San Martín, *Tabaré*.

Rubén Darío, *Azul*.

R. de Campoamor, *Humoradas*.

M. Barrès, *El culto del yo* (-91).

1889   Mallarmé traduce poemas de E. A. Poe.

Bergson, *Ensayos sobre los datos inmediatos de la conciencia*.

José Martí, *La edad de oro*.

Yeats, *Peregrinaciones de Oisen*.

Justo Sierra, *México social y político*.

G. Hauptmann, *Antes del amanecer*.

M. Barrès, *Un hombre libre*.

P. Bourget, *El discípulo*.

J. A. Silva, *Nocturno II*.

Exposición internacional de París: la torre Eiffel.

1890   Zola, *La bestia humana*.

O. Wilde, *El retrato de Dorian Gray*.

R. Darío, *Azul* (segunda edición ampliada).

Ibsen, *Hedda Gabler*.

Julián del Casal, *Hojas al viento*.

Valéry, *Narciso habla*.

Stefan George, *Himnos*.

1891　J. Martell, *La bolsa*.

Muere Rimbaud en Marsella.

José Martí, *Versos sencillos*.

Encíclica *Rerum Novarum*.

Huysmans, *Là-bas*.

1892　O. Wilde, *El abanico de lady Windermere*.

G. Hauptmann, *Los tejedores*.

Julián del Casal, *Nieve*.

E. Haeckel, *El monismo*.

1893　J. M. de Heredia, *Los trofeos*.

Mallarmé, *Verso y prosa*.

D'Annunzio, *Poema paradisíaco*.

F. Villaespesa, *Intimidades*.

J. del Casal, *Bustos y rimas* (póstumo).

Muere J. del Casal.

1894　J. A. Silva, *Nocturno*.

Manuel González Prada, *Páginas libres*.

R. Kipling, *El libro de la selva*.

Barrès, *Sangre, voluptuosidad y muerte*.

Revistas *Cosmópolis* en Caracas y *Azul* en México.

1895　Valéry, *La velada con el señor Teste*.

Verhaeren, *Las ciudades tentaculares*.

Leopoldo Díaz, *Bajorrelieves*.

Santos Chocano, *En la aldea*.

B. Pérez Galdós, *Nazarín*.

Unamuno, *En torno al casticismo*.

Muere José Martí.

1896 Suicidio de José Asunción Silva.

Muere Verlaine en París.

M. Proust, *Los placeres y los días*.

Rubén Darío, *Los raros* y *Prosas profanas y otros poemas*.

Amado Nervo, *Perlas negras*.

M. Gutiérrez Nájera, *Poesías*.

1897 Mallarmé, *Un golpe de dados...*

A. Ganivet, *Ideárium español*.

R. Jaimes Freyre, *Castalia bárbara*.

Leopoldo Lugones, *Las montañas de oro*.

J. E. Rodó, *La vida nueva*.

S. George, *El año del alma*.

1898 Guerra hispano-estadounidense.

A. Samain, *En la superficie del jarrón*.

G. Valencia, *Ritos*.

Manifiesto de los intelectuales. Caso Dreyfus.

1899 Zola, *Fecundidad*.

Haeckel, *Enigmas del universo*.

Freud, *La interpretación de los sueños*.

S. George, *El tapiz de la vida*.

Gómez Carrillo, *Bohemia sentimental*.

Guillermo Valencia, *Anarkos*.

1900   Bergson, *La risa*.

D'Annunzio, *El fuego*.

Husserl, *Investigaciones lógicas*.

Nietzsche, *Ecce homo*.

Muere Nietzsche.

J. E. Rodó, *Ariel*.

1901   Strindberg, *La danza de la muerte*.

Maeterlinck, *La vida de las abejas*.

Thomas Mann, *Los Buddenbrooks*.

Yeats, *Poemas*.

M. González Prada, *Minúsculas*.

M. Díaz Rodríguez, *Ídolos rotos*.

Pío Baroja, *Inventos, aventuras y mistificaciones de Silvestre Paradox*.

Rubén Darío, *España contemporánea*.

Gide, *El inmoralista*.

1902   Hofmannsthal, *Una carta* (a lord Chandos).

Rilke, *El libro de las imágenes*.

M. Díaz Rodríguez, *Sangre patricia*.

Azorín, *La voluntad*.

Unamuno, *Andanzas y visiones españolas*.

A. d'Halmar, *Juana Lucero*.

1903   Yeats, *Ideas de Dios y el mar*.

Hofmannsthal, *Electra*.

Darío Herrera, *Horas lejanas*.

González Martínez, *Preludios*.

B. Shaw, *Hombre y superhombre*.

Valle-Inclán, *Corte de amor*.

1904 Azorín, *Las confesiones de un pequeño filósofo*.

Pirandello, *El difunto Matías Pascal*.

R. de Gourmont, *Paseos literarios*.

Premio Nobel de literatura a Echegaray.

1905 R. Darío, *Cantos de vida y esperanza*.

O. Wilde, *De profundis*.

Unamuno, *Vida de don Quijote y Sancho*.

Azorín, *La ruta de don Quijote*.

Rilke, *El libro de las horas*.

Valle-Inclán, *Sonata de otoño*.

Manuel Machado, *Caprichos*.

Amado Nervo, *Jardines interiores*.

Pedro Henríquez Ureña, *Ensayos críticos*.

Leopoldo Lugones, *Los crepúsculos del jardín*.

1906 Pío Baroja, *Paradox Rey*.

Valle-Inclán, *Sonatas* (continuación).

Rilke, *El corneta Cristóbal Rilke*.

R. Blanco Fombona, *Camino de imperfección*.

1907 Stefan George, *El séptimo anillo*.

Bergson, *La evolución creadora*.

Valle-Inclán, *Aromas de leyendas*.

Rilke, *Nuevos poemas I*.

              Darío, *El canto errante*.

              Antonio Machado, *Soledades, galerías y otros poemas*.

1909   Leopoldo Lugones, *Lunario sentimental*.

              Marinetti, *Manifiesto futurista*.

              Maeterlinck, *El pájaro azul*.

              J. E. Rodó, *Motivos de Proteo*.

1910   Julio Herrera y Reissig, *Los peregrinos de piedra*.

              F. Villaespesa, *Saudades*.

              Rilke, *Malte Laurids Brigge*.

              Freud, *Sobre psicoanálisis*.

              Leopoldo Lugones, *Odas seculares*.

1911   Enrique González Martínez: "Tuércele el cuello al cisne…"

*Este libro se terminó de
imprimir en Bogotá el
mes de abril de 2004* | *en los talleres de Panamericana
Formas e Impresos S.A. con un
tiraje de 1.500 ejemplares*